명상유도음성을 듣는 방법

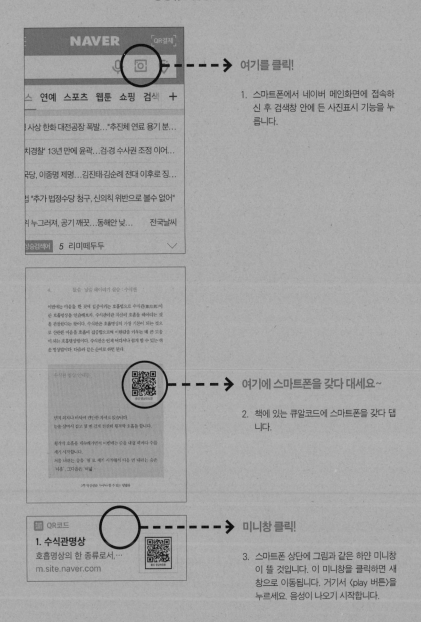

여기를 클릭!

1. 스마트폰에서 네이버 메인화면에 접속하신 후 검색창 안에 든 사진표시 기능을 누릅니다.

여기에 스마트폰을 갖다 대세요~

2. 책에 있는 큐알코드에 스마트폰을 갖다 댑니다.

미니창 클릭!

3. 스마트폰 상단에 그림과 같은 하얀 미니창이 뜰 것입니다. 이 미니창을 클릭하면 새창으로 이동됩니다. 거기서 〈play 버튼〉을 누르세요. 음성이 나오기 시작합니다.

명상에
답 이
있 다

일러두기

* 이 책은 2013년에 첫 출간된 《명상에 답이 있다》의 개정판입니다.
* 이 책에는 〈수식관 명상〉〈소원기원 명상〉〈만트라 명상〉〈먹기 명상〉〈몸살피기 명상〉〈정좌명상1〉〈정좌명상2〉〈걷기 명상〉〈자애 명상〉 등 9가지 음성 명상유도문이 해당본문에 제공됩니다.

뇌를 움직이는 마음의 비밀

명상에 답이 있다

장현갑 지음

담앤북스

내가 나의 의사다.

나는 주변 사람들에게 명상을 강요하지는 않는다. 명상이 필요하다고 느낄 때 그들 스스로 찾기 때문이다. 사람은 살면서 한 번은 생의 결정적 위기, 결정적 장면을 만나게 된다. 위험에 처할 때 우리가 순간적으로 "엄마!", "하느님!" 하고 외치듯 고통이 찾아오는 순간 우리는 해결책을 절박하게 찾게 되어 있다.

명상을 하라는 말은 부처와 같은 성인이 되라는 말이 아니다. 깨달음이나 득도라는 것이 어디 쉬운 일인가? 수행을 하라는 뜻도 아니다. 나는 지금 여러분의 정신건강, 고통스러워하는 여러분의 마음에 대해 말하고 있다.

내가 강조하고 싶은 말은, 우선 자신의 고통을 인지하고 수용하라는 것이다. 물질문명이 고도로 발달한 오늘날에도 정신질환 환자의 수는 기하급수적으로 늘어나는 추세다. 선진국이라고 해서 고통이 없을까? 우리는 서로 고통을 주고받고 살고 있다. 고통을 피하기 위해 휴대전화,

도박, 게임 등 도파민과 쾌(快)를 찾아다닌다. 당장은 달콤하다. 하지만 그것이 가짜 행복임은 당신도 알고 있지 않은가. 이렇게 쉽게 중독되는 현상은 더한 아픔을 가져온다.

안다. 진정으로 자기를 사랑하기 힘든 시대임을. 그럼에도 스스로에게 이해와 관용을 베풀라. 내가 나의 치료자, 곧 의사이다. 스스로의 고통을 인정하라.

명상은 스스로에게 사랑을 베푸는 방법 중 하나다. 그러니 자기 자신을 향해 마음을 열라. 명상은 쉬워 보이지만 마음을 열지 않으면 할 수 없는 일이다.

부처는 말했다. 이고득락(離苦得樂), "고통과 이별하고 즐거움을 얻으라." 지금 옳다고 생각하는 것, 좋다고 여기는 것, 쥐고 있는 것을 잠시 놓아보라. 탐욕과 분노, 어리석음이 없어지면 그 자리에는 사랑만이 남는다. 이 책은 자신에게 사랑을 베풀고 진정으로 자유롭고 행복해지는 방법에 대해 말하고 있다.

나는 이미 여러 책에서 뇌과학을 전공한 심리학자로서의 견해, 나 개인의 다사다난했던 경험까지 밝힌 바 있다. 개정판에서도 마찬가지다. 오랜 세월 겪고 알고 느껴온 바를 나누고 싶다. 나는 인색하고 싶지 않다.

2018년 가을
장현갑

마음을 훈련하라.
뇌가 바뀐다.

최근 들어 명상에 대한 관심이 부쩍 늘었다. 오랜 세월 명상의 과학적 근거를 탐구해온 사람으로서 매우 반갑게 생각한다. 아마도 이런 관심은 명상을 하면 복잡하고, 불확실하고, 힘든 일들이 보다 쉬워지고, 몸과 마음이 편안해지고 안정되는 데 도움이 된다는 말을 들어봤기 때문일 것이다. 물론 이런 말을 듣지 못한 사람들도 있을 것이고, 심지어 명상은 신비롭고, 배우기 어렵고, 알아듣지 못할 이상한 말들을 하고, 어떤 특정 종교의 의식과 관련 있다는 말을 들었을 수도 있을 것이다.

하지만 명상은 지난 5,000년 동안 다양한 종교 또는 문화권에 걸쳐 널리 실천되어 왔다. 이런 전승과 유행에는 분명 이유가 있을 것이다. 이 책에서 명상과 관련한 이러한 궁금증을 집중적으로 밝히려 한다.

첫째, 명상을 수련함으로써 오는 마음과 뇌의 변화에 대해 최신 과학적 발견들을 소개하려고 한다.

둘째, 명상수련으로 얻을 수 있는 신체적·정서적·영성적 장점에 대해 밝히려 한다.

셋째, 두 가지 주요 명상 전통과 이 전통에서 파생된 몇 가지 중요한 명상법을 소개해 자신에게 알맞은 명상법을 선택하여 쉽게 배울 수 있도록 하는 데 도움이 되도록 한다.

이 책은 명상을 통해 신비한 영적 세계를 여행한다거나, 특정 종교의 수련체계에 귀속된다거나, 몸이 공중 부양된다는 식의 내용은 다루지 않는다. 일상생활에서 규칙적으로 명상을 함으로써 삶이 보다 건강하고 보다 행복하게 바뀔 수 있다는 실제적인 내용만을 강조하여 다룰 것이다.

특히 실제 독자들이 직접 명상을 체험할 수 있도록 각 명상에 대한 예시와 함께 유도문을 대거 삽입했다. 이는 오랜 기간 명상을 지도해 오면서 활용해보고 또 효과를 검증한 것들이다. 독자들은 이 유도문을 읽고 직접 따라 해보거나 스스로 유도문을 녹음해 실습해볼 수도 있다. 독자들을 위해 본문에서 소개하고 있는 유도문 대부분에 음성파일도 함께 제공했다.

가장 중요한 것은 꾸준히 실천하는 것이다. 부디 많은 도움이 되기를 바란다.

2013년

차례

1부

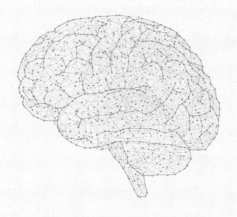

뇌, 몸, 마음까지 바꾸는 명상의 치유력

1장
명상을 하라. 뇌가 새로워진다.

삶이 괴롭다는 것은 인류가 지상에 나타났을 때부터 시작된 일일 것이다. 삶은 왜 괴로운 것일까? 그리고 괴로움은 왜 쉽게 떨치기 어려울까? 필자는 뇌과학을 전공한 심리학자로서, 그 원인을 인류의 진화와 뇌과학의 관점에서 밝혀보겠다.

뇌는 부정적인 감정에 더 민감하다

인류는 뇌에 쾌감을 주기보다는 불쾌감을 회피하는 데에 더 민감하도록 진화돼왔다. 이는 진화의 역사에서 불쾌한 경험이 유쾌한 경험보다 생존에 더 큰 영향을 끼쳤다는 뜻이다. 인류의 원시조상은 자신보다 몸집이 더 크고 힘이 더 세며 빠른 포식동물에게 끊임없이 위협받았다. 그래서 언제나 주변을 경계해야 했고 작은 움직임이나 낯선

소리에도 과민하게 신경을 곤두세우고 도망갈 준비를 해야 했다. 그렇기에 불쾌한 자극에 더 강력하고 민감하게 반응하는 뇌가 만들어진 것이다. 그 결과 우리의 삶은 즐거움보다는 괴로움에 더 민감해졌다.

괴로움에 민감한 이런 부정적 편향성(negativity bias)은 오늘날의 삶에서도 쉽게 발견된다. 우리는 뜨거운 주전자에 한번 손을 데고 나면 주전자를 선뜻 만지려 들지 않는다. 인간관계에서도, 한 번 상처받은 마음을 제자리로 돌려놓기 위해서는 그보다 몇 배의 긍정적인 경험을 되풀이해야 한다. 예컨대 한 번 연인의 마음을 아프게 한 사람은 연인의 마음에 드는 행동을 적어도 5번 이상 해야 관계를 제자리로 돌릴 수 있다는 연구가 있다!

괴로움을 그대로 두면 증폭된다.

마음의 동요를 그대로 두면, 마음은 끊임없이 과거로 돌아가 불쾌한 기억을 떠올리거나 미래로 나아가 실재하지도 않는 가상의 불안을 가지고 온갖 이야기를 만들어낸다. 이러한 가상의 생각이 신경망을 작동시켜 점점 더 고통의 향연을 벌이는데 이것이 바로 괴로움의 증폭이라 할 수 있다. 2010년 하버드대학의 심리학자 매트 킬링스워스(Matt Killingsworth)는 〈방황하는 마음은 불행한 마음이다〉라는 논문을 세계 최고 수준의 과학잡지 〈사이언스(Sience)〉에 발표했다.

만약 이 번뇌의 불길을 효과적으로 끄지 못하면 다음과 같은 2개의 신경경로를 통해 괴로움이 전파된다. 첫째 경로는 '교감신경계(sympathetic nervous system : SNS)'이고, 둘째 경로는 뇌 속 시상하부에서 시작하여 뇌하수체를 지나 부신에 이르는 하나의 축을 이루는 시상하부-뇌하수체-부신 축(hypothalamic-pituitary-adrenal axis : HPA축)이다.

괴로움, 즉 스트레스가 멈추지 않고 이 두 신경 경로를 거듭하여 자극하면 몸은 서서히 지쳐가는데 이렇게 스트레스가 만성화되면 다양한 신체기능이 교란되어 질병을 야기한다. 또한 괴로움이 지속되면 편도체가 쉬지 않고 경고음을 울려대므로 지속적인 불안상태에 빠진다. 스트레스에 대응하기 위해 우리 몸은 코티솔(cortisol)을 분비해서 신체에 필요한 에너지를 공급하게 한다. 만성적인 스트레스는 코티솔을 과다 분비하게 하고, 과다 분비된 코티솔은 해마의 기능을 억제하게 된다. 해마는 기억을 형성하는 데 결정적인 역할을 하는 구조이기에 이 기능이 억제되면 새로운 기억형성이 방해받게 된다. 또한 새로운 신경 세포를 만들어내지 못해 뇌피질이 위축된다. 이처럼 만성 스트레스 상태가 지속되면 부정적인 감정상태가 만연하게 되고, 건망증부터 심하게는 기억과정 전체의 손상이 일어나는 알츠하이머 치매까지 발생시키게 된다.

문제는 이러한 괴로움의 확산 과정은 우리가 의식하지 못하는 상태에서 은밀하게 진행된다는 것이다. 명상의 주된 기능이 알아차림과 이완임을 이해한다면, 규칙적인 명상을 통해 알아차림과 이완반응을 통해 괴로움이 들불처럼 번지는 것을 막고 괴로움을 전파하는 길목을 차단할 수 있다. 그러니 괴로움을 끊고자 한다면 흔들리는 마음을 한곳에 고정시키고 멈추는 훈련이 중요하다. 이 훈련이 바로 명상이다.

1. 명상은 뇌파를 바꾼다.

뇌의 활동은 기본적으로 전기적 활동이다. 뇌에 자극이 오면 뇌 속에 있는 신경세포들은 전기적 펄스를 낸다. 이러한 펄스가 모여 특정한 형태로 나타난 것을 기록한 것을 뇌전도(EEG) 또는 뇌파라고 부른다. 뇌파는 수백만 개의 뇌세포가 보여주는 활동이 합쳐진 파형으로 5가지 유형이 있다. 과학자들은 뇌파의 변화를 통해 마음의 변화를 유추할 수 있다고 말한다.

뇌파를 진동수에 따라 살펴보면 델타(δ), 세타(θ), 알파(α), 베타(β), 감마(γ) 순으로 주파수가 높아짐을 알 수 있다.

먼저 초당 1~4의 주파수(Hz)를 보이는 매우 느리고 불규칙한 뇌파가 델타(δ)파다. 델타파는 잠을 잘 때 나타나는 전형적인 수면파다.

초당 4~8의 느린 주기를 보이는 뇌파인 세타(θ)파는 각성과 수면 사이의 의식 상태를 반영한다. 흔히 세타파가 우세할 때 사람들은 깊은 통찰을 경험하기도 하고 창의적인 생각이나 문제해결 능력이 솟아나기도 한다. 세타파는 유쾌하고 이완된 기분과 극단적인 각성과도 관련이 있고, 동시에 어떤 일을 수행하겠다는 의도와도 관련이 있다. 명상 상태일 때 이 뇌파가 잘 출현하는 특징이 있어, 한때 이 뇌파를 '명상파'라고 간주한 적도 있다.

초당 8~12의 주파수인 알파(α)파는 안정 상태일 때 나타난다. 쾌적하고 마음이 편안할 때 보이는 뇌파가 바로 알파파인데 비교적 느린, 규칙적 리듬이 특징이다.

종류	진동수	육체적 상태	특징
델타(δ)파	1~4Hz	깊은 수면 상태	
세타(θ)파	4~8Hz	각성과 수면 사이의 상태	깊은 통찰력을 경험하거나 창의적인 생각, 문제해결 능력이 증가하는 경우 많음 명상 상태일 때 자주 나타남
알파(α)파	8~12Hz	안정, 휴식 상태	느리고 규칙적인 리듬이 특징
베타(β)파	12~30Hz	정상적인 활동 상태	생각이 많거나 걱정을 할 때 주로 나타남
감마(γ)파	30~50Hz	깊은 주의집중 상태	오랜 시간 명상한 수행자들에게서 특별히 관찰됨

초당 12~30의 주파수를 가진 베타(β)파는 대체로 눈을 뜨고, 생각하고, 활동하는 동안 나타나는 뇌파다. 정상적 인지기능이나 불안 또는 흥분과 관련된 정서 상태 또는 각성 상태일 때 나타나는 뇌파가 베타파다. 쉽게 말해 생각이 많거나 걱정을 할 때 베타파가 두드러진다.

초당 30~50 정도의 매우 빠른 주파수를 보이는 감마(γ)파는 깊은 주의집중이 이뤄질 때 또는 자비심을 보일 때 특징적으로 잘 나타난다. 이 감마파는 오랜 시간 명상을 한 수행승에게서 특별하게 관찰되는 뇌파로, 최근 깊은 마음집중이나 자비심 출현과 같은 명상과 관련하여 많은 주목을 받고 있다.

위에서 언급한 뇌파 가운데 특히 명상하는 동안 나타나는 일반적인 뇌파가 세타파다. 오랫동안 명상을 수행한 사람은 평소에도 세타파를 쉽게 보일 수 있다. 다시 말해 임의대로 세타파를 발생시킬 수 있는 것이다. 일반인들도 어떤 통찰이나 창의적인 생각이 일어나는 순간 세타파를 경험한다.

실험에 따르면 어려운 문제에 시달리고 있다가 갑자기 해결책이 발견되는 순간 세타파가 일어난다고 한다. 즉, 세타파 발생은 어떤 통찰이나 직관적 깨달음이 일어날 때 나타나는 현상이라고 할 수 있는데 이를 브레이크아웃(breakout)이라 부른다.

명상은 세타파를 발생시켜 인지기능을 높여주는 것 외에도 신체적 실행능력을 탁월하게 발휘할 수 있도록 해준다. 운동경기에서 대기록을 수립한 사람들은 경기 도중 명상과 비슷한 무념무상(無念無想)의 상태에 이른다고 한다. 즉, 세타파가 발생해 고통, 피로감, 실패에 대한 공포감 등 온갖 생각이 사라지고 최고 경지의 쾌감만이 뒤따른다는 것이다.

최근에는 기능적 자기공명영상(fMRI) 장치가 활용되면서 명상이나 이완 또는 일반적 휴식상태에서 일어나는 두뇌활동의 실체를 실시간으로 밝힐 수 있게 됐다. 즉, 기능적 자기공명영상은 특정한 순간 뇌의 여러 부위로 혈액이 흘러가는 모습을 정확하게 보여줌으로써 순간순간 뇌의 어느 부위가 활동하고 있는지를 알아볼 수 있게 해준다.

미국 하버드 의대 내과 허버트 벤슨(Herbert Benson) 박사팀은 만트

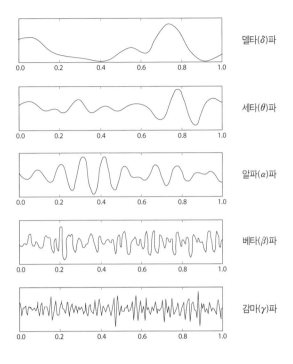

델타(δ)파

세타(θ)파

알파(α)파

베타(β)파

감마(γ)파

라 명상과 같은 집중명상 때 나타나는 '안정과 활성'이라는 심리적으로 서로 모순되는 상태가 어떻게 뇌 속에서 일어나는가를 기능적 자기공명영상을 통해 밝혔다. 집중명상이란 특정한 대상에 정신을 집중한 채 수행하는 명상법이다. 호흡명상, 만트라 명상, 참선이 여기에 속한다. 안정과 활성 현상은 명상 도중 통찰이 일어날 때 더욱 두드러진다. 과거부터 지속돼오던 정신적 또는 정서적 타성이 깨지는 순간, 즉 브레이크아웃이 일어나는 순간 촉발된다는 것이다. 집중명상으로 통찰에 이를 때 나타나는 기능적 자기공명영상 데이터를 분석해보면 뇌의 전반적인 활동성은 줄어들지만 혈압, 심장박동, 호흡의 조정과 관련된 뇌 부위의 활동성과 주의집중, 공간-시간 개념이나 의사결정과 관련이 있는 뇌 부위의 활동성은 오히려 증가한다.

이처럼 명상하는 동안 평소 머리를 아프게 해오던 난제가 풀리는 통찰적 상황 즉, 브레이크아웃이 일어나면 대부분의 뇌 부위 활동은 줄어들지만(잡념이 줄어들지만), 주의나 각성을 담당하는 특정 뇌 부위나 평화와 이완감을 담당하는 뇌 부위의 활성은 오히려 증가하므로 '안정과 활동'이란 모순적 상황이 동시에 일어난다. 이는 선(禪)에서 언급하는 성성적적(惺惺寂寂)의 상태를 신경과학적으로 입증한 것이라 할 수 있을 것이다.

2. 우뇌 중심에서 좌뇌 중심으로

사람들이 불안이나 분노, 우울과 같은 불쾌한 감정을 느낄 때 활성화되는 뇌 부위는 변연계의 편도체와 우측 전전두피질(오른쪽 이마 부위의 뇌피질)이다. 이와는 반대로 낙천적이고 열정에 차 있고 기력이 넘치는 긍정적 감정 상태에 있을 때는 편도체는 활동이 줄어들고 좌측 전전두피질은 활기를 띠게 된다. 미국 위스콘신대학의 리처드 데이비드슨(Richard J. Davidson) 박사는 평상시 좌우 전전두피질 사이의 활동성 차이를 비교하면 개인의 기분 상태를 쉽게 알아볼 수 있다고 주장한다.

다시 말해, 오른쪽 전전두피질이 활발해지면 불행하거나 고민이 많

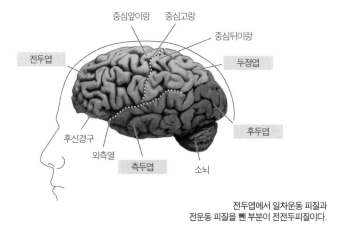

중심앞이랑　중심고랑

중심뒤이랑

전두엽

두정엽

후신경구

외측열　측두엽

소뇌

후두엽

전두엽에서 일차운동 피질과
전운동 피질을 뺀 부분이 전전두피질이다.

뇌의 측면도

고, 왼쪽 전전두피질의 활동이 활발해지면 행복해지고 열정에 찬다는
것이다. 극단적으로 오른쪽 전전두피질 쪽으로 활동성이 기울어져 있
는 사람은 임상적으로 우울이나 불안장애를 보인다.

데이비드슨 박사는 1만~5만 5,000시간 동안 명상수행을 해온 티
베트 승려 175명을 대상으로 기능적 자기공명영상을 촬영한 결과, 한
사람의 예외도 없이 좌측 전전두엽의 활동이 우측 전전두엽에 비해
우세함을 발견했다. 이들 가운데 특히 '해피 게셰'라는 스님의 경우,
왼쪽 전전두피질의 활성이 전체의 99.7%를 차지했고 오른쪽의 활성
은 0.3%에 불과했다. 이처럼 명상수행을 지속적으로 하면 뇌의 활동

을 좌측 전전두엽 우세로 바꿔놓아 행복한 마음의 세계로 인도된다.

미국 매사추세츠 종합병원 사라 라자르(Sara Lazar) 박사팀은 법조인과 언론인 등 지식인을 대상으로 하루 40분씩, 짧게는 2달, 길게는 1년 정도 명상을 하게 했다. 그 결과 이들은 스트레스가 감소돼 기분이 좋아지고 사고가 명료해졌다고 대답했다. 또 어려운 상황에 놓여도 흔들리지 않고 주의 초점을 잘 유지할 수 있었다고 했는데 흥미롭게도 MRI로 뇌피질의 두께를 측정한 결과, 자비심과 행복감을 담당하는 뇌 부위의 두께가 0.1~0.2mm 두꺼워진 것으로 나타났다. 명상으로 뇌의 구조까지 바뀐 것이다.

3.   자율신경계까지 바꾼다.

내 몸이라고 다 내 마음대로 움직여지는 건 아니다. 자신의 의지대로 심장박동 주기를 바꿀 수 없고 위장이나 소장의 움직임을 조절할 수도 없다(사실 그 움직임을 제대로 느낄 수도 없다). 하물며 항온동물인 인간이 자신의 체온을 마음대로 오르내리게 한다는 건 불가능한 일이라고 여긴다.

그런데 티베트의 승려들은 기온이 영하 수십 도까지 떨어지는 한겨울에도 한쪽 팔이 드러나는 장삼을 두르고 태연하게 생활하고 있다. 보통 사람 같으면 10분도 참기 어려울 텐데 동상에도 걸리지 않는다. 이들은 자기 몸의 온도를 임의로 올릴 수 있는 '툼모(gTum-mo) 요가'라는 명상법을 수행하고 있었다.

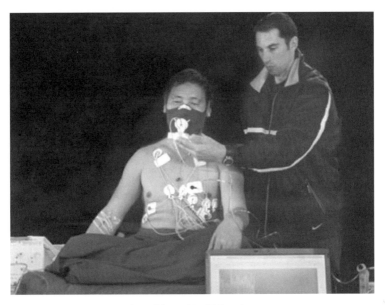

허버트 벤슨 박사팀이 툼모 요가가 체온에 미치는 효과를 실험하는 모습.

　　1981년 하버드 의대 허버트 벤슨 박사팀은 달라이 라마가 소개해 준 티베트 스님 3명을 대상으로 툼모 요가가 체온에 미치는 효과를 과학적으로 확인하는 실험을 했다. 10년 동안 툼모 요가를 해온 한 스님은 명상에 들어가자 온도가 손가락은 5도, 발가락은 7도나 상승했다. 반면 직장(항문)에 넣어둔 온도계는 정상온도를 유지했다. 어린 나이에 출가해 오랜 시간 수행해온 또 다른 스님은 손가락은 7도, 발가락은 4도 올랐다. 나이가 50세인 세 번째 스님은 41세라는 늦은 나이에 출가했지만 열심히 정진한 분으로 손가락은 3.5도, 발가락은 무려 8.3도나 상승했다.

이 연구결과는 1982년 1월 과학저널 〈네이처(Nature)〉에 소개돼 서구 과학자와 의학자 사이에 센세이션을 불러일으켰다. 이 연구를 계기로 서구의 과학자들은 명상의 위력을 실감하고 다방면에서 연구를 시작했고, 지금은 심혈관계 질환을 비롯해 다방면의 스트레스 관련 질병 치료에 폭넓게 활용하고 있다.

이처럼 명상이 불수의적(不隨意的) 기능으로 알려진 자율신경 반응을 수의적(의도적)으로 조절·통제할 수 있다는 것은 기존 서양의학의 패러다임을 바꾼 놀라운 연구결과다. 명상과 같은 마음의 힘으로 심혈관계 활동, 내분비 활동 또는 면역 활동을 임의로 조절할 수 있다는 최근의 발견들은 '심리신경면역학(psychoneuroimmunology : PNI)'이라는, 스트레스과학과 심신의학이라고 하는 새로운 과학이 등장하는 기반을 마련해주었다.

4.   의료 시스템도 명상을 주목하고 있다.

서구에서 명상에 관한 과학적 연구가 보다 활발해진 것은 1993년 미국 국립보건원(NIH) 산하의 대체의학연구소(OAM)에서 명상연구에 공식적으로 연구비를 지원하면서부터다. 2009년 한국을 방문한 미국 하버드 의대의 심리치료전문가 크리스토퍼 거머(Christopher K. Germer) 교수는 "마음챙김(mindfulness) 명상수행법이 미국에서 심리치료 분야에 널리 확산돼 있고, 심리치료가의 40% 이상이 이 명상법을 쓰고 있다."라고 말했다. 미국에서는 매년 1,200편이 넘는 명상 관련 논문이 심리학이나 의학 학술지에 발표되고 있다. 명상은 현대 뇌과학, 의학 그리고 심리학의 뜨거운 연구주제가 되었고 심신치료 분야의 주요 수단이 되었다.

2000년대에 들어와 명상이 스트레스 관련 질환을 치료하는 데 유용하게 활용될 수 있다는 사실이 알려졌다. 캐나다 캘거리 의대 심리학자 린다 칼슨(Linda E. Carlson) 박사팀은 암환자 집단에 마음챙김에 기반한 스트레스 감소(Mindfulness-Based Stress Reduction, MBSR)란 명상 프로그램을 적용한 결과 기분 장애와 스트레스 수준이 유의미하게 경감된다는 것과 면역 활동이 증가된다는 것을 보고했다. 그리고 이러한 변화는 MBSR 프로그램이 끝난 6개월 후까지도 지속된다는 것을 발견하였다. 미국 애리조나대학 심리학자 프렌신 사피로(Francine Shapiro) 박사팀은 유방암 환자에게 명상 프로그램을 적용한 결과 수면의 질이 향상됐음을 발견했다. 이때 치료와 함께 명상 프로그램을 병행하면 정신치료만 받는 경우보다 치유효과가 높다는 연구결과도 있다.

필자도 10여 년 이상 국내에서 수백 명을 대상으로 8주 동안 한국형 마음챙김(K-MBSR) 명상 프로그램을 실시했고 그 결과를 여러 차례 학술대회나 학회지에 발표하였다. 결과에 따르면 전반적으로 명상을 한 환자들은 두통, 요통, 견비통 등의 만성통증이 개선되고 불안, 우울, 공황 등의 심리적 증세가 개선됐다. 유방암과 전립선암 환자의 경우 불면증이 줄어들고 삶의 질이 나아지는 것을 여러 사례에서 관찰했다. 일반인들도 불안, 우울, 강박감, 민감성, 적개심, 공포감 등의 부정적 정서가 줄어들어 삶의 질이 높아지는 것으로 나타났다.

2010년 미국 캘리포니아대학 데이비스캠퍼스 토니아 제이콥스(Tonya Jacobs) 박사팀의 연구결과에 따르면 명상은 수명에도 영향을 미치는 것으로 확인됐다. 염색체의 말단에는 텔로미어(telomere)란 부분이 있는데 체세포가 분열하면 텔로미어가 점점 짧아진다. 이것이 모두 사라지면 세포는 더 이상 분열을 하지 못하고 죽게 되는데 이 텔로미어의 단축을 지연시키는 효소로 텔로머라아제(telomerase)가 있다. 이 텔로머라아제의 활성이 높아지면 텔로미어의 단축을 저지시켜 노화를 늦추고 생명을 연장시킬 수 있다. 스트레스는 텔로머라아제의 활성을 낮추어 생명을 단축시킬 수 있다고 주장한다.

제이콥 박사를 비롯한 15명의 연구자들은 하루 세 시간씩 3개월간 집중적으로 명상을 한 집단은 명상을 하지 않은 집단에 비해 텔로머라아제의 활성이 평균 30%나 높았다는 결과를 얻었다. 연구자들은 명상이 스트레스를 낮춰 텔로머라아제 효소의 활성을 높여주기 때문에 세포의 노화를 늦춘 것이라고 결론지었다. 이는 명상에 생명을 연장하는 장수의 기능이 있다는 것을 뜻하는 것으로 매우 획기적인 연구결과로 보고 있다.

1993년 미국 국립보건원(NIH) 산하 보완대체의학연구소(NCCAM)의 초대소장이었던 래리 도시(Larry Dossey) 박사는, 21세기 의학은 에너지로 병을 진단하고 치료하는 텔레소매틱 의학(Telesomatic Medicine)이 주도할 것이라고 예언했다. 도시 박사의 예언처럼, 21세기 벽두부터 통합의학(Integrative Medicine)이라는 새로운 의료 패러다임이 의료에 도입되었다. 2004년 미국과 캐나다의 22개 주요 의과대학 관련자들이 모여 통합의학 아카데미를 만들었고, 통합의학의 주된 내용으로 'MBSR'을 채택하기로 합의하였다. 이들은 의사나 건강 관련 전문가들이 마음챙김과, 마음챙김을 통해 길러지는 비판단적 알아차림이 없다면 치료자-환자 간의 관계는 너무나 쉽게 실종될 것이며 환자가 가진 무한한 성장과 치유의 가능성이 무시될 수밖에 없다고 경고하고 있다. 그러므로 마음챙김 능력을 향상시키는 것이 질병치료에 핵심이 된다는 인식이 확산되고 있다.

2009년의 경우 미국 내 심리치료 전문가의 40% 이상이 마음챙김 명상을 환자를 치료하는 데 활용하고 있으며, 마음챙김과 관련 있는 논문만 해도 1년에 1,000편 이상 발표되고 있다고 한다. 이처럼 마음챙김에 기초한 심리치료는 심리치료의 제3의 물결이라 칭해지면서 많은 심리학자와 의사들에 의해 널리 연구 및 활용되고 있다. 마음챙김 명상이나 이완반응 명상과 같이 명상에 의해 치유되는 임상적 질병으로는 고혈압, 불면증, 우울증, 불안신경증, 과다한 적개심, 공황장애, 강박증과 같은 심리적 장애와 심장병, 소화기 질병, 피부병, 암 등과 같은 신체적 질병에 이르기까지 실로 다양하다.

5.　　　　　마음이 바뀌면 뇌가 바뀐다.

명상이 질병 치유에 효과적이라는 임상결과가 보고되기 시작하면서 명상과 뇌활동의 관계를 알아본 연구들이 많이 보고되고 있는데 이는 명상이 뇌활동을 바꾸어 심신장애의 치유 가능성을 보여주는 고무적인 연구들이다. 여기서 몇 가지 두드러진 사실을 살펴보자.

사마타(Samatha) 수련은 마음을 한 곳에 집중하는 것으로 마음의 안정(安定)에 이르는 것을 주된 목표로 한다. 사마타형의 명상인 만트라 또는 진언 수행 명상을 하면 뇌파가 알파파와 세타파를 보인다. 사마타 수련으로 심신의 이완이 깊어지면 뇌 속에 일산화질소(nitric oxide : NO)라는 기체성 물질이 분출돼 미세한 혈관들이 확장되어 혈액 순환이 좋아지고 그 결과로 심신이 건강해진다. 이 연구를 주도한 하버드 의대의 조지 스테파노(George B. Stefano) 박사는 일산화질소 분출에 따른 심신의 변화를 이렇게 언급한다.

"일산화질소 분출은 뇌를 효율적으로 작용하게 하는 신경전달물질 방출을 촉진시켜 긍정적 감정 상태를 야기하며, 혈류의 이동을 도우므로 심혈관계 질환을 개선하고, 에스트로겐(Estrogen)의 효과를 높여 폐경기 우울증과 성적 무력증을 개선하며, 면역기능을 강화한다."

이처럼 명상을 통한 일산화질소의 분출은 각종 스트레스 관련 질병 치유에 효과를 높인다는 사실이 드러나고 있다.

앞서 본 것처럼 신경과학자이면서 심리학자인 리처드 데이비드슨 박사는 여러 해에 걸쳐 수많은 사람들을 대상으로 불안, 분노, 우울과 같은 불쾌한 감정을 느낄 때는 우측 전전두피질(오른쪽 이마 부위의 뇌피질)이 좌측 전전두피질에 비해 활동성이 높고, 반대로 열정에 차 있고 기력이 넘치며 낙천적이고 쾌활한 긍정적 감정을 느낄 때는 좌측 전전두피질이 우측 전전두피질에 비해 활동성이 높다는 것을 발견했다. 이를 근거로 데이비드슨 박사는 우울이나 불안이 심한 환자에게 명상을 시키면 우측 전전두피질 우세성에서 좌측 전전두피질 우세성으로 바뀌면서 부정적 정서가 긍정적 정서로 바뀔 수 있는 가능성을 알아보았다. 그리하여 데이비드슨과 그의 동료들은 업무상 스트레스가 심한 생명공학연구원들을 대상으로 8주간에 걸쳐 MBSR을 훈련시켰다.

그 결과 명상을 한 집단은 명상을 하지 않은 통제집단에 비해 좌측 전전두피질의 우세성이 높아졌고 긍정적 정서도 높아졌으며 업무에도 보다 적극적이고 열성적으로 임하게 되었다. 또 명상집단은 비명상집단에 비해 면역기능이 상승되어 감기에 덜 걸렸으며 감기에 걸린 경우라 하더라도 증상이 경미하였다. 좌측 전두엽의 우세로 기울어진 사람일수록 면역치가 더 상승되고 보다 적극적으로 일하고 쾌활한 정서를 보였다고 한다. 이는 8주간의 MBSR과 같은 마음챙김 명상수련으로 부정적 감정이 지배하는 뇌에서 긍정적 감정이 지배하는 뇌로 바뀔 수 있고, 면역체의 기능을 상승시켜 심리적으로나 신체적으로 보다 건강해질 수 있다는 결정적 증거를 보여준 것이다.

2011년에는 독일의 신경과학자 브리타 휠젤(Britta Hölzel)과 하버드대학의 심리학자 사라 라자르 박사 등이 명상 경험이 없는 일반인들을 대상으로 8주간에 걸쳐 마음챙김 명상(MBSR)을 실시한 집단과 명상을 하지 않은 통제집단의 뇌를 자기공명단층촬영장치(MRI)를 통해 비교한 연구논문이 발표되었다. 명상집단은 비명상집단의 사람들에 비해 학습, 기억 그리고 감정 조절을 담당하는 뇌 중추인 해마라는 변연계 부위와 연민을 담당하는 대상회피질, 인지 기능을 담당하는 측두-두정 경계 부위 뇌피질 등에서 신경세포체가 밀집되어 양적으로 팽창된다는 사실을 발견하였다. 이것은 곧 짧은 기간의 명상으로도 학습, 기억, 정서 조절, 자비심, 인지 기능과 같은 고차원적 정신능력을 담당하는 뇌 부위의 기능과 구조가 바뀌어 우리의 마음을 긍정적인 쪽으로 바꾸어놓는다는 결정적 증거를 보여주는 것이다. 이런 증거들은 명상수련으로 몸과 마음의 건강이 증진된다는 객관적 근거들이다.

　마음의 집중을 주로 하는 사마타계의 명상이건, 알아차림을 주로 하는 마음챙김 명상이건 명상을 계속하면 망상과 번뇌가 지배하는 부정적 뇌기능센터(우측 전전두피질)로부터 밝고 낙천적인 마음이 지배하는 긍정적 뇌기능센터(좌측 전전두피질)로 기능의 우위성이 바뀌게 되고, 이에 따라 면역기능이 상승되고 일산화질소와 같은 기체성 물질이 분출되면서 뇌혈관이 확장되고 뇌의 활동이 상승되어 심신이 건강해진다. 나아가 학습, 기억, 감정 조절, 연민과 공감, 인지 기능과 같은 고차적 정신활동을 지배하는 뇌 부위의 해부학적 변화까지도 일으켜 마음과 몸이 보다 행복하고 건강하게 바뀐다.

　다시 말해 마음을 수행하면 뇌가 바뀐다. 따라서 수천 년간 이어져 온 명상수련이 고뇌에 찌든 우리의 삶을 보다 맑게, 보다 건강하게 힐링하는 위대한 가르침인 것이 과학적으로 입증되고 있는 것이다. 바로 이런 이유로 현대인이 명상에 많은 관심을 갖는 것이다.

명상이 대안이다.

명상(meditation)과 의학(medicine)은 관련이 없는 듯하지만, 둘의 어간은 'medi'로 서로 같다. medi는 라틴어의 'mederi'에서 파생된 말로 '치료하다.'라는 뜻이다. 명상이 마음으로 괴로움을 치료한다면 의학은 약물(시술)로 괴로움을 치료한다고 볼 수 있겠다.

머터와 랜커(Mather & Lancar)는 2005년 발표한 논문에서 우울증, 약물 남용과 알코올 남용이 전체 질환의 31%를 이루고 있는데, 2020년이 되면 우울증이 모든 질병 가운데 랭킹 1위가 될 것이라고 세계보건기구(WHO)가 예측한다고 소개하고 있다. 또한 세계보건기구는 현재로서는 이런 심리적 질병들을 효과적으로 완치할 치료법이 없고, 현재 행해지는 약물치료와 행동치료는 증상을 일시적으로 완화시킬 뿐이라고 하였다. 게다가 이런 치료는 경제적 부담이 많고 약물 부작용 또한 무시할 수 없다고 경고하고 있다. 이런 문제에 대해 런던대학 카티아 루비아(Katya Rubia) 박사는 경제적 부담이나 부작용이 없는 명상이 대안이 된다고 2009년 학술잡지 〈생물 심리학(Biological Psychology)〉에 발표한 바 있다.

과거 서양의학에서 인간의 뇌발달은 아동기에 완성된다고 봤다. 하지만 정밀한 뇌스캔이 가능해지면서, 현재는 뇌가 죽는 순간까지 변화를 거듭한다는 것이 정설이다. 이를 신경가소성(Neural plasticity)이라는 개념으로 설명할 수 있는데 신경가소성, 특히 뇌의 신경가소성이란 '뇌의 신경회로가 외부의 자극과 경험이나 학습에 따라 구조적으로나 기능적으로 변화되거나 재조직화되는 현상'을 말한다.

뇌가소성은 환경과 경험에 반응하여 일어나지만, 중요한 점은 변화된 정보자극에 주의를 집중할 때 일어난다는 것이다. 예를 들면, 오케스트라 단원들의 뇌를 자기공명영상으로 분석하면 음악과 언어적 기능을 담당하는 '브로카'라는 영역이 보통 사람에 비해 월등하게 크다는 사실이 드러난다. 점자를 익힌 시각장애인들은 집게손가락을 지배하는 뇌 부위가 확장돼 있다. 수학자들의 경우 사고와 추상 및 분석을 담당하는 뇌 부위가 해가 지날수록 조금씩 커졌다. 또한 영국 런던의 택시운전사를 대상으로 한 연구에서는 택시운전사들의 두뇌에서 해마 부위가 일반인에 비해 더 발달되었다는 사실이 밝혀졌는데, 해마는 기억의 저장과 떠올림에 중요한 역할을 하는 기관이다. 택시운전사들은 꼬불꼬불한 골목길을 손바닥 보듯이 정확히 기억해야 하기에 이 부위가 발달된 것이다.

다시 말해 우리가 오랫동안 무언가에 대한 경험, 생각 또는 학습을 거듭하면 뇌의 구조와 기능은 바뀐다. 학습을 거듭할수록 뇌를 구성하는 1,000억 개 이상의 신경세포(뉴런) 사이에 새로운 연결이 이뤄져 특정 부위의 뇌가 양적으로 팽창한다. 뇌세포도 근육세포처럼 사용하면 할수록 더 크게 성장한다.

그러니 명상이라는 학습과 경험을 반복한다면 당신의 뇌도 긍정적인 방향으로 변할 것이 분명하다. 실제로 보통 사람들도 두 달(8주) 이상 명상을 수련할 경우 왼쪽 전전두엽의 기능이 오른쪽에 비해 우세해지고 우울감이 행복감으로 바뀐다는 것이 실험을 통해 여러 차례 입증되었다.

조그만 소리를 듣거나 짧은 생각을 할 때에도 당신의 뇌에는 미세한 변화가 일어나고 있다. 이 글을 읽고 있는 지금에도 그 변화는 진행 중이다. 그러니 지금부터라도 마음을 바꾸는 노력을 통해 '평온한 뇌, 행복한 뇌'를 만들어보는 것은 어떨까.

2장
명상으로 얻을 수 있는
심신의 긍정적 변화

만약 명상수련에서 장점을 발견할 수 없었다면 어떻게 수천 년 동안 수많은 사람들에 의해 명상수련의 전통이 이어졌겠는가? 명상수련으로 얻을 수 있는 이점은 열거하기 힘들 정도로 많지만 신체적·정서적·심리적·영성적 이점으로 나누어 설명할 수 있다.

그러나 이러한 다양한 이점들은 명상을 하루 이틀 했다고 해서 금방 나타나는 것들이 아니다. 매일 규칙적으로 꾸준하게 하다 보면 점진적으로 나타나게 된다. 운동을 신체수련으로 간주한다면 명상은 바로 마음수련이다. 하루 이틀 열심히 운동했다고 해서 몸이 날씬해지고 지병이 없어지지 않듯 명상도 규칙적으로 꾸준히 해야만 기대하는 이점을 얻을 수 있게 될 것이다.

명상과 신체의 변화

 오늘날 전 세계적으로 명상하는 사람들이 늘어나고 있는데 그 주된 이유는 신체적 변화를 원하기 때문일 것이다. 명상 시작 후 처음 얻을 수 있는 이점은 스트레스로 인한 신체적 징후의 감소다. 누구든 스트레스로 가득 찬 혼탁한 삶 속을 허덕이고 있을 때 '어떻게 하면 이 고통스러운 삶에서 빠져나올 수 있을까?' 하고 고민하게 된다. 이때 명상을 효과적인 대안으로 생각하게 된다. 심한 스트레스를 받을 때, 사람들은 목욕을 한다거나 낮잠을 자는 것보다 훨씬 더 나은 대안으로 명상을 생각한다. 신문이나 잡지 또는 텔레비전 등을 통해 명상이 스트레스 징후 감소에 큰 도움이 된다는 과학적 증거들이 많이 보도되고 있기 때문에 스트레스 대처의 가장 합리적 방법으로 명상을 생각하는 것이다.

 최근 뇌 과학자들은 명상이 뇌 활동에 직접적으로 영향을 미친다는 증거를 많이 발표하고 있다. 예컨대 우리가 불안이나 우울 또는 긴장과 같은 스트레스에 사로잡혀 있을 때나 심한 공포 속에 떨고 있을 때는 우측 전두엽이란 뇌 피질 부위와 편도체라는 뇌 부위에서 과도한 흥분을 보여준다. 그런데 이런 사람들이 명상을 하게 되면 이 과도한 흥분성이 조금씩 진정되면서 이번에는 좌측 전두엽 피질이 활발하게 활동한다. 좌측 전두엽 피질이 활발하게 활동한다는 것은 바로 심리적으로 안정감을 느끼면서 스트레스에서 벗어나고 있음을 의미한다.

 이뿐만 아니다. 극심하게 또는 장기간 스트레스를 받으면 부신 피질 속에서 코르티솔(cortisol)이란 스트레스 관련 호르몬이 분비된다. 이 호르몬이 지속적으로 분비되면 체중증가와 같은 부작용이 생긴다. 명상을 하게 되면 코르티솔 수준이 정상 수준으로 되돌아가 몸의 활동이 정상 상태로 유지되게 되는 것이다.

명상으로 인한 다양한 신체적 이점을 최근에 발표된 과학적 논문들의 결과를 종합해 추려보면 다음과 같다.

▶ 혈압이 내려가고 심장박동이 느려진다.

명상을 하면 혈압이 내려가 심장병 발병의 위험률이 낮아진다. 이것은 명상의 신체적 이점으로 가장 많이 언급되고 있는 부분이다. 명상이 마음과 몸의 긴장을 이완시켜 교감신경계의 작용으로부터 부교감신경계의 작용으로 바꾸기 때문이다.

▶ 두통이 줄어든다.

대부분의 두통은 스트레스에 의한 긴장성 두통이다. 두통 환자는 평소에 치아를 앙다물고 있거나 밤중에 바드득 치아를 갈아댄다. 또 스트레스를 받을 때는 근육이 긴장된다. 이러한 징후들이 계속되면 두통을 야기하게 된다. 명상을 하면 이완이 일어나기 때문에 이러한 긴장성 두통이 줄어든다.

▶ 빨리 잠들고 깊은 잠을 잘 수 있다.

연구에 의하면 명상을 하는 사람들은 쉽게 수면에 들어가고 보다 이완된 숙면을 취한다고 보고되고 있다. 이러한 수면 효과는 심장 박동률 감소와 같은 신체적 이점과 걱정거리가 줄어드는 등의 정서적 또는 심리적 이점이 동시에 일어나기 때문에 나타난다.

▶ **행복 호르몬, 세로토닌의 분비가 증가한다.**

세로토닌(serotonin)이란 행복감을 느끼게 하는 데 영향을 주는 신경전달물질이다. 명상을 하면 세로토닌의 분비가 증가하기 때문에 행복감을 느끼게 된다. 반면 우울증에 빠지면 세로토닌 분비가 감소하게 된다. 우울증 환자에게 사용하는 항우울제는 세로토닌 분비 수준을 증가시키는 것이 주요 목표이다. 명상을 하면 항우울제 사용 없이도 자연스럽게 세로토닌 분비가 증가되어 우울증이 개선되고 행복해질 수 있다. 이렇게 우울증의 예방과 치료뿐 아니라 우울증의 재발을 막는 데도 명상이 효과적이라는 연구들이 최근에 압도적으로 많이 발표되고 있다.

▶ **월경 전 증후군이 줄어든다.**

월경 전 증후군(premenstrual syndrome : PMS)은 다양한 종류의 징후, 예컨대 여러 종류의 통증, 두통, 과민성 그리고 극단적인 피로감 등이 수반되는 징후이다. 이러한 징후들은 주로 여성 호르몬 에스트로겐의 분비 수준 감소에 따른 것이다. 명상을 하는 여성들은 월경 전 증후군이 줄어든다고 하는데, 그 이유는 명상이 에스트로겐의 분비 수준을 정상으로 되돌리는 데 도움을 주고 행복감을 느끼게 해주는 데 효과적이기 때문이다.

▶ 체중조절에 도움을 준다.

장기간 지속되는 스트레스는 코르티솔이란 스트레스 관련 호르몬을 지속적으로 다량 방출하게 한다. 코르티솔 분비는 체중 조절을 방해하는 요인의 하나이다. 명상은 스트레스에 대한 인지적 평가를 낮추기 때문에 코르티솔 분비 수준을 감소시키게 된다. 어떤 사람들은 스트레스를 받으면 음식을 과다하게 먹음으로 스트레스에 대처하려고 한다. 따라서 명상을 통해 스트레스에 효과적으로 대처할 수 있게 되면 과식을 하지 않아 과체중을 방지할 수 있게 된다.

▶ 각종 통증을 줄여준다.

명상을 하면 스트레스에서 기인하는 각종 만성통증이 줄어든다. 이런 현상은 명상으로 인해 신체의 조절 작용이 개선되어 스스로 신체가 치유되기 때문일 수도 있고, 또 명상을 하면 통증에 대한 주의의 초점이 다른 곳으로 이동하기 때문일 수도 있다. 어떤 이유에서건 명상수련의 임상 효과로 처음 검증된 것이 바로 각종 만성 통증 환자의 증후가 개선된다는 것이었다.

▶ 노화를 늦추고 치매를 예방한다.

명상은 신진대사를 포함하여 신체의 생리적 기능이나 과정들을 조절하는 데 도움을 준다. 명상을 통해 신체 조절 과정이 정상화되면 노화 진행이 더뎌지고 건강 상태가 좋아진다. 또 명상은 생명 노화 과정을 촉진시키는 유리기라는 해로운 물질 발생을 억제한다거나 세포 분열과 관련 있는 텔로머라아제(telomerase)라는 효소의 활동성을 높여 노화를 저지시킨다. 나아가 명상은 인지 기능이나 기억 기능을 관장하는 뇌세포 기능을 높여 세포체의 양적 증가를 일으키게 되어 뇌 피질의 연약화를 예방함으로 치매 예방에 도움을 준다.

▶ 운동 수행력을 높여준다.

명상을 하는 사람은 마음과 몸의 연결 관계(mind-body connection)가 좋아지기 때문에 여러 면에서 운동 수행력이 증가된다. 명상을 하면 마음과 몸 사이의 협동력이 증가되어 운동 기능과 인지 기능이 좋아지기 때문이다. 또한 명상을 하면 수면의 질이 좋아지고 주의집중력이 높아지기 때문에 운동 기능이 향상된다.

▶ 술, 흡연, 약물 등에 대한 의존심을 줄여준다.

어떤 사람들은 스트레스를 받으면 알코올이나 흡연과 같은 기호품 섭취에 의존하고 또 다른 사람들은 초콜릿, 케이크, 콜라 등 단맛이 나는 음식이나 음료를 좋아하는 경우도 있다. 그러나 규칙적으로 명상을 하게 되면 스트레스를 받는 수준이 낮아지기 때문에 이런 기호식품에 대한 의존성이 줄어들게 된다. 또한 명상을 하면 전반적으로 통증이 감소되고 수면의 질과 양이 좋아지기 때문에 약물에 대한 의존성도 줄어든다.

▶ 면역기능을 강화해 치유를 촉진한다.

명상은 신체 기능을 전반적으로 정상화시킴으로 숙면을 취했을 때와 같이 몸의 이완 상태를 야기한다. 몸의 이완 상태가 지속되면 면역 기능이 향상되어 이상적인 치유가 일어날 수 있는 조건을 만든다. 연구자들은 명상이 독감과 같은 감염성 질환으로부터 암과 같은 심각한 질병에 이르기까지 '살상세포(killer cells)'라는 면역세포의 수치를 증가시켜 병균을 퇴치한다는 점을 발견하였다. 아직 명상이 모든 감염성 질병을 완벽하게 치료한다고 단언할 수는 없지만, 암의 경우 명상이 암치료의 보조요법으로 인정되어 세계 도처의 유수 병원에서 활용되고 있는 것은 사실이다. 우리나라에서도 몇몇 대학병원에서 명상이 암치료의 보조방법으로 활용되고 있다.

▶ 천식증상을 경감시킨다.

천식환자들이 명상을 하게 되면 호흡하기가 한결 편안해져서 천식의 증후들이 점차 개선된다. 이런 효과는 명상이 신체의 긴장 상태를 완화해주기 때문이다. 그리고 명상은 자기 자신의 호흡 패턴에 대한 알아차림을 높여주기 때문에 보다 깊게, 보다 천천히 자연스럽게 호흡할 수 있게 해준다.

　지금까지 언급한 명상의 신체적 이점 외에도 많은 이점들이 계속 보고되고 있고 또한 앞으로 전개될 연구들에 의해 더욱 활발하게 그 효과들이 밝혀질 것으로 기대된다. 최근 명상을 통해 신체의 전반적 기능이나 면역기능이 개선되어 치료에 도움된다는 질병으로는 제2형

당뇨병, 퇴행성관절염, 알레르기 관련 질병, 건선 등의 피부병, 만성 피로 증후군, 소화기 계통의 질병 등이 언급되고 있다.

2.　　　　　명상과 정서·심리의 변화

만약 앞서 언급한 스트레스 관련 신체적 질병을 고칠 수 있는 마법의 약물을 개발해낼 수만 있다면 분명 억만장자가 될 수 있을 것이다. 그런데 이런 마법의 약은 이미 개발되어 여러분의 손 안에 들어와 있다. 이제 이것을 활용하기만 하면 된다.

　그 신기한 마법의 약이 바로 명상이다. 누구나 매일 짧은 시간이라도 꾸준하게 명상을 한다면 이런 마법의 약을 손 안에 쥐게 되어 효과를 취할 수 있을 것이다. 이제 명상 수행으로 얻을 수 있는 정서적·심리적 이점들에 관해 살펴보기로 하자.

▶ 주의집중력이 높아진다.

명상을 하면 주의집중력과 특정한 한 가지 개념이나 대상에 대한 집중력이 높아진다. 그러므로 일상생활에서 행하는 많은 일들에 대해 주의집중력이 높아짐으로 작업상의 수행 능력이 올라간다. 그 예로서 앞서 우리는 명상을 하면 운동 수행 능력이 향상되어 경기력이 상승됨을 살펴보았다. 또한 명상을 하면 피로감이 줄어들고 집중력이 향상됨으로 생산성이 증가된다.

▶ **학습과 기억 능력을 향상시킨다.**

학습하거나 기억하려고 하는 대상에 대한 주의집중 능력이 향상되면 학습과 기억 능력이 증진된다. 주의집중 능력은 학교생활, 직장 생활, 심지어는 복잡한 주차장에 주차해놓은 차량을 찾아내는 데까지도 필요한 일이다. 특히 나이가 들어서 생기는 자연스러운 인지 기능이나 기억 기능에도 명상이 순기능을 한다. 최근에는 명상이 인지 기능을 담당하는 뇌 피질의 기능과 구조를 높여주어 치매 예방에 효과적이란 연구결과가 보고되고 있다.

▶ **창의성 발현에 도움이 된다.**

만약 창의성 발현을 위한 특수 훈련인 브레인스토밍을 해보았다면 중요한 아이디어들은 의식선상에서 사라져 잘 떠오르지 않는다는 것을 경험했을 것이다. 일상적으로 겪는 온갖 종류의 걱정거리들이 몰려와 마음을 어지럽히기 때문에 일반적으로 좋은 아이디어는 의식선상으로 잘 떠오르지 않고 잠복해 있다. 실제로 이런 실험을 해보라. 당신이 최근 30분 동안 경험했던 것들을 기억나는 대로 종이 위에 모두 기록해보도록 하라. 아마 기억해낼 수 있는 내용은 불과 몇 분 전에 경험했던 극히 몇 가지일 뿐, 15분 전쯤에 경험했던 것들은 거의 모두 기억에서 사라졌음을 알게 될 것이다. 이처럼 우리가 필요로 하는 창의적인 아이디어는 기억 창고 속에 깊숙이 숨어 발견되지 않은 채 대기하고 있다. 명상을 하게 되면 우리의 마음을 어지럽히는 불안과 긴장감 같은 거품들이 걷히고 마음이 보다 맑고 투명한 상태로 바뀌어 창의적인 아이디어들이 의식선상으로 쉽게 떠오르게 된다.

▶ 인간관계가 개선된다.

심한 스트레스를 받아 탈진 상태에 이르게 되면 쉽게 짜증을 내고 주변 사람을 비난하거나 욕하게 되고 기분이 엉망이 되기 쉽다. 명상은 스트레스나 감정을 관리하는 데 도움을 주기 때문에 명상을 하면 주변 사람들과의 관계가 원만하게 된다. 다시 말해 가족, 친구, 동료들과의 인간관계가 보다 원만하고 좋아질 것이다. 마음챙김 명상이 인간관계를 개선한다는 실증적 연구결과도 많이 보고되고 있다.

▶ 보다 큰 틀에서 사물을 보게 된다.

우리는 삶 속에서 수많은 사소한 일들에 휘둘리기 쉽다. 그리고 사소한 일들에 휩싸여가면서 점점 큰 스트레스를 만나게 된다. 그러나 명상을 하게 되면 이런 사소한 골칫거리들을 하나의 큰 그림 속으로 질서 있게 통합시켜 대범하게 바라볼 수 있게 된다. 이렇게 대범하게 바라볼 수 있게 되면 작은 일거리로 인해 파생되던 사소한 스트레스들이 한결 큰 그림으로, 통합된 형태로 바뀌게 되어 보다 긍정적인 견해로 사물을 바라볼 수 있게 된다.

▶ 자신감과 의지가 강해진다.

명상은 지나치게 어려운 것은 아니지만 규칙적으로 해야 하고 전념해서 해야 한다. 또한 명상을 하는 동안에는 집중력이 필요하다. 그러므로 명상수련을 많이 할수록 집중력과 의지력이 커질 것이다. 다시 말해 명상을 통해 성취감이나 자신감이 크게 성장하게 될 것이다.

▶ 불안이나 공포가 줄어든다.

앞에서 본 것처럼 명상을 하면 불안이나 공포와 관련 맺고 있는 뇌피질 부위(우측 전전두피질)에서 넉넉하고 행복한 뇌피질(좌측 전전두피질)로 활동영역이 바뀌게 된다. 이처럼 명상을 하면 불안과 공포와 관련된 뇌 부위의 활동은 줄어들고 대신 안정감과 행복감과 관련 있는 뇌 부위의 활동은 보다 증가하게 된다. 따라서 명상을 하게 되면 소소한 걱정거리들은 줄어드는 대신 평화와 안정감은 늘어나 보다 긍정적이고 만족한 삶으로 바뀌게 될 것이다.

▶ 공격성이 감소된다.

명상은 짜증이나 공격심을 주도하는 편도체의 활동을 낮추어 평화롭고 안정감을 갖도록 유도한다. 공격성이 줄어들기 때문에 주변의 동료들이나 가족과 다툴 가능성이 줄어든다. 따라서 과거에는 분노로 일관하던 행동패턴이 명상으로 인해 평화적이고 수용적인 행동 패턴으로 바뀌게 된다. 이런 이유로 분노조절 프로그램으로 명상이 많은 관심을 끌고 있다.

이처럼 명상을 통하여 우리는 정서적으로는 안정되고 심리적으로는 안녕감을 느껴 행복한 삶으로 바뀌어 나간다. 또한 불안과 긴장의 감소로 인해 신체적으로나 정신적으로 보다 건강하게 된다. 이렇게 심신이 건강해지면 여기서 한 걸음 더 나아가 영적으로 한 차원 질 높은 건강한 삶을 살 수 있게 된다.

3.   명상과 영성

명상을 하기 위해 반드시 특정 종교를 믿어야 한다거나 영적인 가치에 목표를 둘 필요까지는 없다. 그러나 만약 영적 가치에 관심이 있다면 명상을 통해 다음과 같은 영적 이점도 취할 수 있다.

영적인 이점은 마음이 먼저 안정 상태에 머물러 있어야 오는 것이기 때문에 일반적으로 마음의 안정을 위주로 하는 집중명상 수련과 일차적으로 관련 있다. 자세한 집중명상 수련에 관해서는 6장과 8장에서 다룰 것이다.

▶ 진리에 한 걸음 더 가까이 다가갈 수 있다.

종교적 수행으로 명상을 하는 경우에는 주로 영적 가치(깨달음) 추구를 목적으로 한다. 이런 경우에는 마음이 고요한 상태에 머물러야만 진리에 한 걸음 더 가까이 다가가 깨칠 수 있다고 믿는다. 어떠한 종교를 믿든, 일단 마음이 고요한 상태에 머물 수 있게 되면 다음과 같은 영적인 이점이 일어날 것으로 기대할 수 있다.

▶ 자신이나 타인에 대한 알아차림이 증대된다.

명상은 과거에는 알아차리지 못했던 일들에 대한 알아차림을 새롭게 해준다. 다시 말해 왜 내가 평소 이렇게 행동하며, 왜 저 사람은 저렇게 행동하는지 등 과거에는 별 관심을 두지 않았던 일들에 대해 관심을 두게 된다. 예를 들면 우리는 과거에 수많은 거짓말을 했으며, 그런 거짓말을 해놓고도 왜 그렇게 했는지 잘 모르고 지낸다. 또한 과거에 남의 마음을 아프게 하는 말을 해놓고도 왜 그런 말을 했는지조차 모르고 있는 일이 많다. 그러나 명상을 하게 되면 당신 자신이나 남들의 마음에 대한 이해나 알아차림 하는 능력이 늘어나면서 과거에 왜 그런 부질없는 행동을 했는지에 대한 이해력이 늘어나게 된다.

▶ 사랑하고 용서하는 너그러운 마음을 갖게 된다.

명상은 무조건적인 사랑, 용서 그리고 자비심(자애)이란 넓은 마음 바탕을 열게 한다. 다른 사람에 대한 사랑, 용서 그리고 자비심이 생기게 되면 이런 따뜻한 마음이 가장 먼저 자기 자신에게로 향하게 됨을 알 수 있게 된다. 명상은 용서를 통하여 먼저 나 자신을 정화하는 데 큰 도움을 주며, 나아가 과거에 경험했던 고통과 상처마저 치유해준다. 명상은 남을 용서하기 위한 것이라기보다 나 자신의 치유를 위한 일이라 할 것이다.

▶ '나' 중심의 세계관에서 벗어난다.

우리 인간은 기본적으로 이기적이다. 그래서 먼저 이것이 나한테 무슨 이익이 되는가를 살펴보는 경향이 있다. 그러나 명상을 하게 되면 자기에 대한 인식 능력, 즉 자각능력이 늘어나 '나'라고 하는 존재는 우주의 한 작은 부분에 지나지 않음을 실감하게 된다. 또한 '나'라는 존재는 다른 모든 사물이나 존재들과 연결되어 있어 남에게 상처를 입힌다는 것은 결국 나 자신이 상처를 받는 것임을 알게 된다. 그러므로 '나' 중심의 세계에서 벗어나 보다 큰 그림 속에 존재하는 나를 바라보게 된다. 궁극에는 내가 하는 하찮은 일조차 남에게 영향을 줄 수 있다는 것으로 이해하게 된다.

▶ **집착에서 벗어난다.**

명상은 이기적인 관점이나 입장에서 바라보기만 하던 나를 보다 큰 세상으로 해방시키는 데 도움을 준다. 과거에 그처럼 갈구하던 돈, 소유 또는 그 밖의 다른 물질적인 것들은 오직 이기적인 것으로, 이제는 별로 중요치 않은 것으로 바라보게 된다. 그렇게 소중하게 여기고 집착했던 대상으로부터 떠나가면서 과연 무엇이 인생에서 진실로 귀중한 것인지를 새롭게 알게 된다.

▶ **존재의 이유(목적)을 발견하는 데 도움을 준다.**

보통 사람들은 고급 승용차, 멋진 정원이 딸린 큰 주택 그리고 꿈같은 별장이나 요트 등을 갖길 바란다. 이런 것을 얻기 위해 일류대학으로 진학하고, 돈을 잘 버는 직업을 구하기 위해 인기학과로 몰려가고, 바라던 직업을 얻으려 발버둥 친다. 그러나 이러한 물질적 욕망에 대한 갈구는 명상을 시작하면서 점차 시들어간다. 그렇게 갈구하던 돈이나 물질이 더 이상 중요한 삶의 목표가 아님을 깨닫게 된다. 보다 더 의미 있는 일에 기여하고 헌신하는 쪽으로 목표 지향을 바꾸게 된다. 바로 이런 목표의 전환이 위대한 나의 발견이고 인생에서 가장 큰 전환점이 된다. 물론 대부분의 사람들은 여전히 돈을 벌려고 하지만, 돈을 뛰어넘어 보다 의미 있는 일에 헌신하려는 인생의 목표 전환이야말로 참으로 가치 있고 중요하지 않을까.

▶ 새로운 출구가 보인다.

우리는 자신의 삶에 대한 목표를 세우고 그 목표에 도달하기 위해 어떻게 해야 할지 심각한 고민에 빠질 때가 있다. 이런 고민이 생길 때 명상을 규칙적으로 해보라. 그러면 목표에 도달하는 방법을 발견하는 데 큰 도움을 받을 수 있을 것이다. 왜냐하면 명상을 하면 각성감이 증가하고 마음의 문이 활짝 열리기 때문에 과거에는 보이지 않았던 출구와 기회가 새롭게 보인다.

▶ 평화가 찾아온다.

앞서 여러 차례 언급한 것처럼 명상을 하면 몸과 마음이 안정되고 이완되면서 평화와 행복감이 찾아온다. 이것이 명상을 통해 얻을 수 있는 가장 큰 이점이며 우리 모두가 명상을 좋아하고 실천하려고 하는 근본 이유일 것이다.

지금까지 우리는 명상수련을 통해 얻을 수 있는 신체적·정서적·심리적·영성적 이점을 살펴보았다. 물론 이러한 다양한 이점은 며칠 동안 명상을 했다고 해서 금방 얻을 수 있는 것이 아니다. 다소 시간이 걸린다. 그러나 규칙적으로 명상수련을 계속하다 보면 보다 행복해지고 보다 건강하게 될 것임은 확실하다. 명상을 하면 뇌가 바뀌고, 뇌가 바뀌면 마음이 바뀐다. 이것은 인류 역사 수천 년 동안 수많은 사람들에 의해 거듭 입증된 것이고 오늘날의 뇌과학자들이 수많은 연구를 통해 밝혀 보여준 것이기 때문이다.

3장
통념을 깨는 명상의 진실

우선 명상에 의해 일어나는 마음과 몸의 상태란 구체적으로 어떤 것인지 정의부터 내려보자. 심리학이나 생리학 같은 과학에서는 명상 상태란 '마음이 또렷하게 깨어 있으면서도 신체는 이완된 상태'라고 정의한다. 이처럼 명상 상태는 각성, 이완, 평온감이 동시에 나타나는 마음과 몸의 평화 상태이다.

그러나 명상 상태에 대한 이런 정의는 영적인 목표로 마음수련을 하거나 종교적 깨달음을 얻기 위해 명상을 하는 사람들의 정의와는 차이가 날 수 있다. 예부터 명상가들은 명상을 '흙탕물을 컵에 담아 탁자 위에 가만히 올려놓으면 조금씩 흙은 밑으로 가라앉고 물은 깨끗하게 되는 현상'에 비유한다. 마음과 몸의 흥분이 가라앉게 되면 뇌는 신체에 더 이상 스트레스 메시지를 보내지 않아 이완되고 건강한 상태가 된다.

이를 전제로 명상의 역사 그리고 명상을 둘러싼 오해와 진실에 대해 살펴보자.

1. 명상의 출현과 역사

언제, 어느 때 명상이 시작되었는지는 정확하게 알 수 없다. 문헌상 명상의 방법들에 대해 언급된 것 중 최초의 것은 지금부터 약 5,000여 년 전 '탄트라(Tantras)'라고 불리는 인도의 고대성전에 기록된 것이다. 더 이상의 오래된 기록은 찾을 수 없지만 명상은 5,000년보다 훨씬 이전부터 전해져왔을 것으로 짐작할 수 있다.

아마도 명상은 아주 먼 원시 수렵시대부터 시작되었을 것으로 추측된다. 수렵시대 포획한 동물을 구워서 배불리 먹고 펄럭이며 춤추는 불꽃의 모습을 바라보는 동안 명상의 묘미를 느끼게 되었을 것으로 추측된다. 다시 말해 이글거리며 타오르는 불꽃의 펄럭임을 주목하여 바라보고 있노라면 나른한 이완감과 평화로움이 찾아왔을 것이며, 그런 평화로움 속에서 문득 자신의 몸에 대한 감각과 떠오르는 생각들 그리고 자신을 둘러싸고 있는 주위 환경에 대해 관심을 갖게 되었을 것이다. 이처럼 아늑한 환경 속에서 이글거리며 타오르는 불꽃을 응시하면서 느끼는 이완감은 무척 행복하고 평화로웠을 것이며, 이런 멋진 느낌을 경험한 사람들은 이 경험을 다시 맛보고 싶어 했을 것이고, 나아가 다른 사람들에게도 이 멋진 경험을 전하고 싶어 했을 것이다. 아마 이런 유쾌한 경험들이 5,000여 년 전 '탄트라'에 기록되었을 것이고, 그 후 계속되어온 것으로 추측된다.

명상수련의 기법들이 크게 달라지기 시작한 것은 B.C. 566년 석가모니 출현 전후라고 볼 수 있다. 명상을 통해 최초로 깨달음을 얻은 석가모니의 가르침과 수행법은 인도로부터 인접한 여러 나라로 퍼져갔다. 그 후 여러 나라에서 다양한 수행자들에 의해 각기 자신의 주관적 취향에 따라 많은 명상 기법들이 개발되고 보급되었을 것이다. 그러나 오늘날 아시아 여러 나라에서 행해지고 있는 다양한 명상법은 대부분 석가모니가 처음 개발한 명상법에 그 기원을 두고 있다. 우리나라 명상의 전통은 인도에서 중국을 거쳐온 불교식 방법에 많은 영향을 받아왔다.

명상이 서양에 전달되는 데는 오랜 시간이 걸렸다. 서양의 문화는 알다시피 과학적이고 기독교적이다. 명상이 본격적으로 서양에 유입된 시기는 1960년대부터였다. 비틀스와 히피들이 인도문화에 경도된 영향도 있었고, 베트남전 당시 보트피플이 미국으로 넘어온 영향도 있었다. 젊은이들이 명상에 심취함에 따라 견고하던 서양문화권 장벽에는 틈이 생기기 시작했다. 하지만 서양에 도착해서도 명상이 뿌리를 내리는 데는 많은 시간이 필요했다. 명상에 대한 신비감 때문이다. 예컨대 미국의 경우, 과거 많은 사람들이 명상을 하면 카타토니아(catatonia)라는 일종의 긴장성 정신병의 상태에 빠진다고 생각했다. 이 상태는 정신분열증이나 기타 여러 정신병에 걸린 사람들이 잘 보이는 증세이기 때문에 이런 오해는 명상이 보급되는 데 장애가 되었을 것이다.

그러나 1970년대에 들어와 생리학자, 심리학자, 의사들이 명상의 효과에 관한 의학적·심리학적·신경과학적 연구결과를 거듭 발표하면서 명상을 호의적으로 바라보고 이를 수용하기 시작했다. 흥미로운 것은 바로 이때 많은 사람들이 명상 상태를 마치 마리화나 같은 환각제를 복용했을 때 나타나는 이른바 '의식의 변경 상태(altered state of consciousness)'와 유사한 것으로 믿었다는 것이다. 물론 이는 잘못된 상식이다.

1975년 미국의 베트남전 패배는 미국인들에게 많은 것을 남겼다. 그중 하나가 '동양'에 대한 재인식과 관심이다. 수많은 서양의 지식인들이 티베트 출신의 불교지도자 달라이 라마 스님과 베트남 출신의 틱낫한 스님을 찾아가 불교명상을 접하고 불교와 명상에 관심을 가지게 되었다. 바로 이들이 서양에 명상과 명상의 효과를 전파한 허버트 벤슨, 잭 콘필드, 대니얼 골먼, 존 카밧진, 리처드 데이비드슨, 마티외 리카르와 같은 의사(현재는 승려), 심리학자, 과학자들이다. 이들은 사람들이 명상을 하면 마음이 평화로워지고 몸이 건강해지며 뇌가 바뀐다는 수많은 객관적 증거를 세상에 알렸다. 이런 연구결과는 오늘날 많은 사람들이 명상에 열광하는 이유가 되었다.

최근에는 과학계뿐 아니라 휴 잭맨, 오프라 윈프리 같은 유명인사도 공공연하게 명상을 통해 마음을 정화한다고 밝히고 있다. 미국에서만 명상인구가 3,000만 명이 넘는다고 하며 첨단기술의 메카, 실리콘밸리의 과학기술자들도 명상에 빠져 있다고 한다. 스티브 잡스도 명상과 선을 통해 새로운 세계를 발견하고 이를 스마트폰 기술에 접

목시킨 인물로 유명하다. 최근 뉴요커들 사이에서 가장 인기 있는 것이 바로 요가와 명상이다.

2.　　　명상에 대한 오해와 진실

과학의 시대인 오늘날에도 여전히 사람들은 명상에 대해 신비감을 품는다. 필자는 수십 년간 많은 심리학자, 의사, 한의사 등과 대학생, 대학원생 등 지식인을 상대로 명상을 가르치고, 명상의 효과에 관해 연구해오면서 참으로 많은 질문을 받았다.

"왜 신비하고 주관적이며 알아듣지도 못할 이상한 주문을 외우고, 이렇게 바쁜 시간에 아무것도 하지 않은 채 그냥 우두커니 앉아 있어야 합니까?"

"힘들게 명상을 한 만큼 효과가 확실히 있기는 한 건가요?"

바로 이러한 말들에 사람들이 갖고 있는 명상에 대한 편견이 숨어 있다. 여기서는 명상에 대한 오해나 진실을 짚어보고, 나아가 명상수련을 통해 실제로 얻을 수 있는 신체적·심리적·영성적인 효과들에 관해 간략하게 설명하겠다.

통념 1.　　　명상할 때는 가부좌를 틀어야 한다.

영화나 텔레비전 등에서 명상을 하는 사람들이 두 다리를 완전히 꼬고 앉아 있는 소위 가부좌란 어려운 자세를 취하고 명상하는 경우를 자주 볼 수 있다. 이런 어려운 자세를 취해야만 명상을 할 수 있다고 믿는 초보자들은 명상을 시도하기도 전에 아예 포기하고 만다. 명상을 하기 위해 반드시 이러한 어려운 자세를 취해야 할 필요는 없다. 물론 다리의 놀림이 비교적 유연한 젊은 시절에 명상을 시작한 사람은 이런 가부좌 자세를 취하기 쉽고, 이런 자세에 익숙해지면 다른 자세보다 오히려 더 편안해질 수 있다. 그러나 이 자세에 익숙하지 않은 초보자들은 그렇게 할 필요가 없다. 자신이 취하기 쉬운 자세를 취하면 된다. 따라서 의자에 앉아 등을 기대고 할 수도 있고, 의자의 등받이에 기대지 않고 꼿꼿이 앉아서 할 수도 있으며, 심지어는 누워서 할 수도 있다. 자신에게 편한 자세를 취하면 될 뿐 특정한 자세를 취해야 한다는 것은 잘못된 생각이다.

통념 2. 명상은 특정종교와 관련이 있다.

흔히 불교도나 힌두교도들이 명상을 많이 하기 때문에 명상이 마치 불교나 힌두교와 같은 특정 종교 수행의 한 행위이거나 이런 종교 수행을 통해 얻어지는 어떤 종교적 경험일 것이라 생각하는 사람들이 많다. 이것은 사실이 아니다. 우리가 알고 있는 대부분의 종교에는 모두 고유한 형태의 명상 체계가 있다. 특히 신체적·정서적 이점을 얻기 위해서 명상을 하려고 하는 사람들은 특정 종교의 명상법만을 따를 필요가 없다. 그러나 명상을 통해 얻어지는 일차적 이점을 한 단계

넘어 영적인 이점도 명상 수행을 통해 얻을 수 있다. 만약 용서, 자비 또는 내가 우주와 서로 연결되어 있다는 등의 특정한 영성적 개념에 의식의 초점을 맞추는 명상을 한다면 영성적인 깨달음도 얻을 수 있는 것이다.

통념 3.　　　　　　　명상은 어렵다.

사실 명상은 어렵지도 쉽지도 않지만, 어렵다고 생각하기 쉽다. 하지만 조금 생각을 바꿔보면 명상이 어렵다는 선입견은 완화될 수 있다. 명상은 단지 눈을 감고 호흡을 관찰하는 것처럼 매우 쉬운 일로부터 시작한다. 즉, 천천히 숨을 깊이 들이쉬고 난 후 서서히 숨을 배출하는 단순한 행동을 반복하는 것으로 시작한다. 이렇게 단순히 호흡을 관찰하는 동안에 수많은 생각이 머릿속에 떠오른다. 이런 생각들을 떨쳐내려고 하면 할수록 더 많은 잡념이 떠올라 당황하게 된다. 그러므로 명상은 어떻게 보면 매우 쉬워 보이지만 막상 해보면 잡념 때문에 뜻대로 잘 되지 않는다. 그렇다고 명상이 복잡하고 까다롭고 하기 어려운 것은 아니다. 일정한 기간 명상 전문가의 지도를 받아 수련하면 쉽게 배울 수 있다. 또한 명상 실천편에 해당하는 이 책의 2부를 통해, 체계적으로 따라 하며 배울 수도 있다.

명상은 현실이나 책임에서 도피하기 위한
일종의 핑계다.

많은 사람들이 명상은 책임이나 현실에서 도피하기 위해 은밀한 곳에서 행하는 것이라 생각한다. 이런 견해는 맞지 않다. 명상을 하는 목표는 현실을 도피하기 위해서가 아니라 현실 생활을 더 잘하기 위해서이다. 명상을 하면 마음이 안정되고, 주의집중이 잘되고, 현실을 보다 잘 수용하게 되어 삶의 경험들이 부유하고 풍요롭게 느껴지게 된다. 또한 명상은 지나치게 날카롭게 판단하지 않고 넉넉하게 수용하는 태도를 강조함으로써 삶의 모든 측면에 보다 충실히 개입하고, 수용하며, 왕성한 삶의 에너지를 창출할 수 있게 한다.

통념5. 명상은 속세를 떠난 조용한 곳에서 해야 한다.

명상은 세상 속으로 들어가 세상과 함께 하려는 것이지 세상과 차단되려고 하는 것이 아니다. 그럼에도 세상 사람들은 명상은 소음이 없고 세상과는 단절된 산속의 사찰이나 기도원과 같은, 세상과 차단된 곳에서만 하는 것으로 오해하고 있다. 물론 조용한 곳에서 명상수련을 하면 이상적인 것은 틀림없다. 하지만 명상은 세상의 모든 것을 전적으로 받아들이는 것이다. 있는 그대로의 현실을 여과 없이 수용하는 것이다. 따라서 자동차의 경적 소리, 아이들의 고함 소리, 세상의 온갖 소란스러운 소리를 받아들이면서 할 수 있는 것이다. 참다운 명상가는 명상을 통해 세상의 모든 것을 껴안고 특별하게 가리지 않고 거부하지 않는 수용적인 태도를 길러간다.

통념 6. 명상수행 중에는 금욕을 해야 한다.

사람들은 명상가는 채식만 하고, 콩이나 견과류와 같은 건강식품을 즐겨 먹고, 녹차를 마시고, 술이나 커피 같은 음료나 동물성 음식은 먹지 말아야 한다고 생각한다. 이런 생각 또한 오해다. 자신이 좋아하는 것을 전적으로 금해가면서 명상을 해야 한다면 아마 대부분의 사람들은 미리 포기해버릴 것이다. 좋아하는 것을 금해야만 한다는 것은 잘못된 생각일 뿐만 아니라 사실과는 반대이기도 하다. 명상은 어떤 일이건 하는 일마다 그 일로부터 보다 충실하고 의미 있는 것을 적극적으로 음미하는 것이다.

통념 7. 스승 없이 명상을 배우는 건 좋지 않다.

좋은 스승이 있고, 체계적이고 합리적으로 가르쳐주는 곳이 있다면 누구나 쉽게 명상을 배울 수 있을 것이다. 그런 곳에서 명상을 배울 수 있다면 정말 다행한 일이지만, 좋은 스승과 수련장을 발견하기란 쉽지 않다. 그런 수련장이 있다손 치더라도 그곳에 가서 배우려 하면 시간적으로나 금전적으로 여의치 않을 수도 있다. 배우고 싶은 마음의 준비가 되어 있다면 스승은 나타나기 마련이다. 어떤 명상법을 수

련하든 자신에게 적합한 방법을 택하여 최선을 다하면 된다. 특정한
방법의 명상만을 강조하는 것은 옳지 않다.

4장
몸과 마음의 안정, 이완반응

1. 이완반응이란?

『동의보감』에는 다음과 같은 언급이 있다.

> "마음의 동요, 즉 마음을 혼란하게 하는 것은 곧 병을 생기게 하는 것이며(心 亂卽病生) 마음을 안정시키면 병이 스스로 낫게 된다(心定卽病自癒)."

이처럼 몸과 마음이 안정을 유지하면 건강해질 수 있다. 그래서 옛 날부터 우리나라에서는 마음공부 또는 마음수련이라는 이름으로 정 성껏 기도를 하거나, 호흡을 수련하거나, 염불을 하거나, 다라니를 외 거나, 절을 하거나, 참선을 하는 등 마음을 안정시키기 위한 수련들을 해왔다. 이 모든 마음공부법은 산란한 마음을 하나의 마음(一心)으 로 모으거나, 더 나아가 아예 생각이 일어나지 않는 무념(無念) 또는 무상(無想)의 경지에 이르는 것을 목표로 한다. 일념(一念)의 상태에 이르면 몸과 마음이 편안한 상태(定)에 이르게 되는데, 이를 생리학이나 심리학에서는 항정성(homeostasis) 상태 또는 이완반응(relaxation response) 상태라 한다. 이완반응이 일어나면 몸과 마음이 안정되어 정상으로 돌아오는데 이것이 바로 치유(healing)인 것이다.

이완반응이란 스트레스에 의해 촉발된 교감신경계(SNS)가 과잉 활동하는 반응에서 평화와 안정 상태를 주도하는 부교감신경계(parasympathetic nervous system : PNS)의 기능이 우세하도록 바뀐 상태를 말한다. 마음이 편안한 안정 상태에 이르면 근육이 이완되고, 심장박동수가 줄어들고, 호흡이 느려지며, 혈압이 낮아지고, 느리고 규칙적인 뇌파인 알파(α)파나 세타(θ)파가 출현하고, 체온이 감소하며, 신진대사가 줄어드는 등의 생리적으로도 이완된 특색이 나타난다. 이런 심리 · 생리적 특색은 명상과 같은 마음수련을 통해 얻을 수 있는데 마음의 혼란이 진정되면 불쾌한 심리적 감정이나 유해한 생리적 반응들이 안정되어 마음과 몸이 건강하게 치유된다.

그러므로 이완반응을 일으키는 마음훈련을 정기적으로 꾸준히 실천하면 초조감, 과민성 적개심, 불안, 우울과 같은 부정적 심리 상태가 관용성, 수용감, 낙천성, 사랑 등의 긍정적 마음 상태로 서서히 바뀌면서 신체적 증후들도 함께 치유된다.

동양에서는 마음을 수행하면 심신이 평화로워지고 안정된다는 것을 수천 년 전부터 체험하고 이를 일상생활이나 의료에 활용해왔다.

그러나 서양사회가 마음수련에 따른 심신안정 효과를 의료에 도입한 것은 최근의 일이다. 1975년 하버드 의대 내과 교수이자 심장 전문의인 허버트 벤슨 박사는 명상수련에 따른 마음과 몸의 이완효과를 '이완반응'이라는 용어로 처음 사용하고 이를 임상에 활용하였다. 벤슨은 『이완반응(Relaxation Response)』이란 제목의 포켓북을 1975년에 출간했는데, 이 책은 그동안 400만 부가 팔린 베스트셀러가 되었다. 이를 계기로 서양의학의 명상도입이 붐을 이루게 되었다.

최근에 들어와 서양의학에서는 이완반응을 일으키는 명상수련과 개인의 믿음(철학적 의미나 종교적 믿음)이 서로 결합하면 스트레스에 의한 병적 증후들이 현저하게 감소되어 많은 종류의 스트레스 관련 질병 치유에 도움이 된다는 것이 의학적으로 입증되었고, 또 이런 발견을 바탕으로 심신의학(Mind/Body medicine)이란 새로운 의학이 등장해 주목을 끌게 되었다.

심신의학의 주창자 중 한 명인 벤슨 박사는 전통적인 동양 종교의 명상수련법, 특히 힌두교나 불교의 만트라(mantra) 수행법과 개인이 갖고 있는 믿음 체계를 결합시킨, 이른바 믿음 요인(Faith Factor)의 치유효과를 과학적으로 검증하였다. 그는 믿음 요인의 치유효과를 다음과 같이 언급하였다.

"두통 감소, 협심증에 따른 통증 감소, 관상동맥의 우회수술(coronary artery bypass graft) 필요성이 80% 정도 감소되고, 혈압이 낮아지고, 창의성을 발휘할 수 있고, 불면증을 이길 수 있고, 과호흡증후군의 발작을 예방하고, 요통을 경감시키고, 항암치료제의 효과를 증진시키고,

공황발작을 제어할 수 있고, 콜레스테롤 수준을 낮출 수 있고, 메스꺼움과 설사, 변비, 조급증 등이 완화되어 전반적으로 내적 평화와 정서적 균형이 이루어진다."

2. 이완반응을 통한 스트레스 통제

인류가 진화해오는 동안 생존에 있어 가장 중요했던 반응은 생명이 위협받는 위기상황에 효율적으로 대처하는 반응이었다. 기분 좋고, 배부르게 먹고, 짝짓기를 하고, 편안하게 쉬는 것 등의 즐거움에 대처하는 반응보다는 사자나 호랑이와 같은 맹수들의 습격에 도피하거나 공격하는 것 등의 위기대처 반응이 생존에 절대적으로 중요한 반응이었다. 즉, 생존에 위협을 느꼈을 때 자동적으로 일어나는 위기 반응이 바로 '싸움(fight)' 아니면 '도피(flight)' 반응이다.

호랑이나 사자와 같이 생명을 위협하는 동물들은 현대사회에서는 더는 위협요소가 아니다. 대신 새로운 위협자가 등장했다. 그들은 어떤 때는 이웃이고 협력자이고 동료지만 또 다른 때에는 업무부터 일상생활의 현장에 이르기까지 시공간을 넘어 무서운 경쟁자요, 위협자로 나타난다.

현대사회는 과다한 스트레스와 긴장 그리고 무한경쟁과 급속한 변화를 특징으로 한다. 이러한 상황이 지속되면 사람들은 적응에 어려움을 느낄 수밖에 없고 그 결과 원치 않는 심리적·신체적 장애를 겪는다. 언제 어디서나 경계심을 늦출 수 없는 상태를 유지하면서 살기 때문에 만성 스트레스 반응을 보이게 된다.

　여기서 문제되는 것은 현대인의 생활 속에서 일어나는 자질구레한 괴로움, 다시 말해 일상적인 스트레스 상황이나 자극들이 스트레스 반응을 일으킨다는 점이다. 스트레스 반응은 위기에 직면했을 때 교감신경계(SNS)와 시상하부-뇌하수체-부신(HPA) 축을 작동시켜 반응 불길이 온몸으로 퍼져나간 결과이다. 만약 이런 긴급한 반응을 내버려두거나 거듭 일어나게 허용하게 되면, 온몸의 조직이 손상 받아 온갖 종류의 육체적인 질병이 발생한다. 그러므로 이런 스트레스 반응이 수시로 일어나는 것을 적절하게 통제해가는 삶의 기술을 배우는 것이 무엇보다 중요하다.

　그렇다면 어떻게 대처해야 할까? 그 현명한 방법 중 하나가 스트레스를 피하지 말고 인지하면서 적절하게 대처해나가는 효과적 방법을 학습하는 것이다. 다시 말해 스트레스에 따른 심리적·신체적 반응을 무기력하게 방치하는 대신 반응이 보다 미약하고 서서히 일어나도록 통제하는 이완반응법을 배워 규칙적으로 꾸준히 실천하는 것이 최선의 방법이다. 오늘날 미국의 가정의학 전문 클리닉에서는 80% 이상이 이완반응법을 임상 치료에 활용하고 있다고 한다. 그러므로 명상 수련을 통한 이완반응의 실제적 체험이 현대를 살아가는 슬기로운 방법이라 할 것이다. 한 회사원의 경험담을 통해 일상적 업무 스트레스 반응을 극복한 예를 살펴보자.

박○○ 씨의 사례

박 씨는 45세로 대기업의 중견 간부였다. 업무가 과중해질 때마다 두통이 찾아왔다. 상담 끝에 그는 두통이 자신의 직무수행과 밀접한 관련이 있다는 것을 알게 되었다. 그래서 스트레스 반응에 효과적으로 대처하는 방법으로 이완반응 명상을 매일 정기적으로 2차례씩 수련했는데 2개월 정도 지났을 때 두통이 없어졌다.

"나는 매일 이완반응 명상을 두 차례 실천하였으며, 내 몸이 적절한 균형을 유지할 수 있도록 수시로 심호흡도 했다. 이완반응을 하는 것이 건강을 유지하는 관건임을 알게 되었다. 이제 이완반응 실천하기는 내 삶의 일부가 되었다."

위의 사례처럼 격무에 시달리는 현대인에게는 만성 두통, 오십견이라 말하는 어깨 통증(견비통), 허리 통증(요통), 머리나 안면이 부분적으로 아픈 편두통, 근육통 등 지속적인 긴장에 따른 만성 통증이 매우 흔하다. 이런 만성 통증 증후는 오랜 기간 누적된 심리적 긴장이 원인이므로 이완반응 명상을 정기적으로 실천하면 특별한 약물 복용 없이도 잘 조절될 수 있다.

1968년, 한 젊은 의사가 하버드 의대를 졸업한 후 내과 레지던트 수련을 막 끝내고 생리학 교실에서 고혈압 발생의 원인을 동물실험을 통해 연구하고 있었다. 그는 당시 유행하던 조작적 조건반응이라는 학습 실험을 통하여 원숭이가 스스로 자신의 혈압을 통제할 수 있는지를 연구하고 있었다. 원숭이의 혈압이 상승될 때는 원숭이의 면전에 백색 광선을 비추어주고 먹이는 주지 않았다. 반면 혈압이 내려갈 때는 청색 광선을 비추어주면서 바나나 같은 원숭이가 좋아하는 먹이를 주었다.

이런 훈련을 거듭한 끝에 원숭이는 혈압약 없이도 스스로 혈압을 내릴 수 있게 되었다. 매스컴에 알려진 이 실험의 결과는 혈압과 같은 자율신경 반응은 임의로 조절될 수 없다고 믿던 기존의 서양의학계에 큰 파문을 일으켰다.

그 당시 인도 출신의 명상가이면서 과학자인 마하리시 마헤시 요기(Maharishi Mahesh Yogi)가 미국에 초월명상(Transcendental Meditation : TM)이란 것을 전파하여 많은 사람들이 초월명상을 수련하고 있었다. 이 초월명상 수련자는 원숭이가 자신의 혈압을 임의로 떨어뜨릴 수 있다는 충격적 뉴스를 접한 후 그 젊은 의사를 찾아왔다.

"나도 임의로 혈압, 맥박, 체온, 신진대사 등을 떨어뜨릴 수 있으니 나를 대상으로 직접 연구해주십시오."

이 젊은 의사는 초월명상 수련자의 요구를 받아들여 연구하는 것이

어떨지를 동료 의사들과 상의했다. 동료들은 그런 연구가 주류의학에서 수용되지 않기 때문에 반대했다. 그러나 초월명상 수련자가 거듭 찾아와 요청했기에 명상수행 때 그의 몸에서 일어나는 몇 가지 생리학적 반응만 측정해보기로 했다. 그 젊은 의사가 바로 심신의학의 창시자 허버트 벤슨이다.

벤슨과 같은 시기에 캘리포니아대학 어바인캠퍼스(University of California, Irvine)의 생리학자 로버트 월러스(Robert Wallace)와 아치 윌슨(Archie Wilson)도 초월명상 수련자를 대상으로 같은 종류의 연구를 하고 있었다. 그리하여 1972년 세 사람은 과학잡지 〈사이언티픽 아메리칸(Scientific American)〉과 〈미국 생리학회지(American Journal of Physiology)〉 등에 조용히 앉아서 마음을 하나의 대상(만트라)에 초점을 맞추어 흔들리지 않게 하면 신진대사가 저하되고, 심장 박동률이 느려지며, 호흡률이 감소하고, 뇌파가 느려지는 등 교감신경계 활동이 줄어드는 현상을 발견할 수 있다는 사실을 발표했다.

이들의 발견은 초월명상과 같은 명상수련으로 혈압과 같은 자율신경계 반응을 임의로 바꿀 수 있음을 뜻하는데, 마음수련으로 얻어지는 유익한 결과를 임상의학에 적용할 수 있다는 과학적 근거를 제공하게 된 것이다. 이는 기존 서양의학의 패러다임을 바꾸는 의학의 혁명이라 불릴 수 있다.

이러한 신기하고도 놀라운 과학적 발견을 접한 벤슨은 "우리 모두 선천적으로 물려받은 자연적인 회복 현상(natural restorative phenomenon)"을 이완반응(Relaxation Response : RR)이라 불렀고, "이 반응은 공격 또는 도피와 같은 스트레스 반응을 상쇄시키는 것"이라고 주장하였다. 이 개념은 자연으로 되돌아간다는 자연치유라는 개념과도 맥이 통하며 힐링과학의 중요한 근거가 된다.

벤슨의 이완반응은 1975년부터 하버드 의대 부속병원에서 임상에 적용되었다. 지금은 이완반응과 기타 명상기법들이 하버드 의대 부속 심신의학연구소를 중심으로, 세계의 많은 의사, 심리학자, 기타 건강 전문가를 대상으로 하는 심신의학 워크숍을 통해 정기적으로 교육되고 있으며, 이완반응은 이제 많은 임상이나 심리치료 전문가들에 의해 스트레스 관련 질환자들에게 유용하게 활용되고 있다.

4.   심장병 치료에 적용된 이완반응

앞서 언급했듯, 현대인은 무한대의 경쟁과 급속한 변화에 자신을 노출시키고 살아야 한다. 그렇기에 마음과 몸이 만성적 위기에 대응하느라 교감신경계가 높은 흥분상태에 놓여 있다. 이 결과 심장병과 같은 순환기계 질환이 잘 발생하고 스트레스에 잘 대처하지 못하면 급사에까지 이르게 된다. 만성 스트레스로 인한 심장병 발작의 대표적인 사례를 필자의 직접적인 경험을 중심으로 소개할까 한다.

나는 그렇게 튼튼한 체질을 갖고 태어나지 못했다. 어릴 때 큰 병을 앓은 적은 없었지만 20대 대학 시절부터는 객지생활을 하면서 불규칙한 생활과 아르바이트 등으로 스트레스를 많이 받았다. 그때부터 고혈압 증상을 보여서 징집이 면제될 정도로 혈압과 심장이 좋지 않았고, 40대 초부터는 당뇨증세가 보이기 시작했다. 그리고 정년 후 60대 후반에는 중증근무력증이란 희귀한 면역장애까지 보여 눈꺼풀이 내려 감기고 안구운동이 원활하지 못해 독서도 잘 못할 정도가 되었다.

2년 주기의 신체검사 때마다 고혈압, 심전도, 안저(眼底)검사 등 재검사를 거듭해오던 중 1993년 학생운동이 치열하던 때 대학학생처장으로 임용되었다. 이미 4년 전에도 학생처장 자리를 권유 받았으나 건강상의 이유로 고사했기 때문에 더는 사양할 처지도 되지 못해 엄청난 스트레스를 감당하면서 직무를 맡았다.

하지만 1년 후 더 이상 견딜 수 없을 정도로 혈압이 높아져 사임하고 그 후 몇 개월간, 그동안 하지 못했던 국선도 수련과 이완반응 명상수련을 병행하였다. 건강이 좀 좋아진 것 같았다. 여름방학이 시작되어 하루 10시간씩 한 달간 『반야심경』 사경을 1,000번 하였다. 그해(1994년)는 역사에 기록될 대혹

서였다. 더위 속에서 에어컨도 없이 쪼그리고 앉아 한 달간 사경을 마치고 바로 이튿날 일주일간 항일독립운동 유적지를 탐방하는 러시아 연해주 답사여행에 참가했다.

여행 첫날 밤, 블라디보스토크의 한 국립호텔 광장에서 저녁을 먹고 강의를 듣던 중 갑자기 심장에 극심한 통증을 느끼기 시작했다. 통증이 20~30분 동안 진행되었던 것 같은데, 얼마나 심했던지 온몸에 식은땀이 흘렀다. 처음 당하는 일이라 몹시 당황했고 두려웠다. '이렇게 죽는구나.'라는 생각이 떠올랐다. 뿌연 빛이 비치는 터널을 지나온 것 같았다. 지난 세월이 순식간에 흘렀다. 그동안 살아온 것에 대해 별다른 후회는 없었다. 대신 다시 살아난다면 반드시 해야 할 과제들이 머릿속에 떠올랐다. 마음수행이 미진했으니 좀 더 철저하게 수행해야겠다는 것이었다.

이런 생각과 더불어 이 위기 속에서 내가 할 수 있는 것이 무엇인가를 찾게 되었는데 그 순간, 그간 익혀온 이완반응과 단전호흡을 해야겠다는 생각이 불현듯 떠올랐다. 그리하여 수년 동안 익혔던 단전호흡을 했다. 그랬더니 심한 통증이 기적같이 사라졌고 원기를 회복하였다. 그 후 일주일간의 여행 동안 하루에도 수차례 경미한 심장통증이 왔고 그때마다 단전호흡으로 위기를 넘겼다. 여행을 끝내고 돌아와 바로 입원해서 진찰을 받으니 협심증이라고 했다. 주치의는 심장근육에 혈액을 공급하는 관상동맥들이 막혔지만 막힌 혈관 옆으로 뻗어나간 가느다란 동맥, 즉 측지가 발달되어 있다는 것이 판독되었다고 했다. 심장 재활훈련의 목표 가운데 하나가 이 측지를 생기게 하는 것인데, 그것이 이미 만들어져 있어서 생명을 구했다는 설명을 들었다. 그 후 18년 동안 별 탈 없이 정기적으로 병원에서 검진을 받고 심장약을 복용하고, 정기적으로 명상을 하며 가벼운 운동과 채식 위주의 식생활을 하면서 심신을 잘 관리해오고 있다. 몇 년 전부터는 심장에 이상이 없다는 소견에 따라 심장약 복용을 끊었다.

이 사건을 겪은 후 지금까지 나는 스트레스와 심장병 간에는 밀접한 관련이 있을 것으로 보고 스트레스와 심장병에 관련된 수많은 연구 논문들과 단행본을 읽었으며 심장병 발병에 관한 몇 편의 학술 논문을 국내외의 학술지에 발표했고, 빌 클린턴 전 미국 대통령의 주치의이자 세계적인 심장병 의사인 딘 오니시(Dean Ornish) 박사가 쓴 『심장병 역전 프로그램』이란 책을 번역하여 출판하기도 했다. 오니시 박사의 심장병 역전 프로그램은 명상과 요가, 철저한 채식 위주의 식이요법, 가벼운 운동이 심장병을 역전시킨다는 내용이다. 이 책이 출판되었을 때 〈뉴스위크〉는 한마디로 '혁명'이라고까지 극찬을 보냈고, 이

프로그램은 1990년대 후반부터 존 카밧진의 MBSR 프로그램과 함께 의료보험 혜택까지 받고 있다. 요컨대 동양의 정신문화에 바탕을 둔 명상이나 요가, 나아가 채식과 같은 식이요법을 꾸준하게 실천하면 심장병과 같은 만성병을 역전 치료하고 예방하는 데 효과적으로 대처할 수 있음을 서양의학이 인정하고 채택한 것이다. 이것은 서양의학의 혁명적 변화로서, 동양의 지혜와 서양과학의 융합으로 한 단계 승화된 통합의학의 핵심이다.

5. 이완반응의 종류

이완반응을 일으키는 마음수련을 정기적으로 실시하게 되면 굳어 있던 마음과 몸이 부드럽게 이완됨을 느끼게 된다. 이런 이완된 기분은 마치 '무언가를 꼭 움켜쥐고 내려놓지 않으려고 긴장하고 있다가 이를 내려놓았을 때 느끼는 해방감'과 같은 것이다. 이 말은 흔히 우리가 일상생활 속에서 듣는 '집착을 내려놓았다.' 또는 '마음을 비웠다.', '욕심을 버렸다.'라는 말과도 일맥상통한다. 꼭 움켜쥐고 있던 것들을 내려놓았을 때 느끼는 기분은 긴장이 풀렸을 때 느끼게 되는 편안함 또는 긴장이 이완될 때의 가벼움 등과도 관련 있는 느낌이다. 천천히 깊이 숨을 쉬면서 내뱉을 때마다 호흡과 함께 긴장감을 내려놓는다고 상상하면 근육의 긴장이 이완되고 정서적으로 편안하게 느껴지는 것을 맛보게 될 것이다. 이처럼 누구라도 긴장을 내려놓는 이완훈련을 정기적으로 실시하면 몸과 마음이 편안해지는 이완능력을 길러갈 수 있다.

인도에서는 원숭이를 붙잡을 때 독특한 방법을 쓴다. 원숭이가 잘 익은 과일을 훔쳐 가 애써 지은 농사를 망치는 경우가 많기 때문에 농부들은 코코넛에 원숭이가 손가락을 폈을 때 들어갈 만한 작은 구멍을 뚫고 그 속에 원숭이가 좋아하는 바나나 같은 과일을 넣어둔다. 욕심 많은 원숭이가 코코넛 구멍 속에 손을 뻗어 과일을 움켜잡을 수는 있으나 손을 빼내려 하면 과일을 내려놓지 않으면 안 된다. 과연 욕심 많은 원숭이가 과일을 손에서 내려놓을 수 있을까?

마찬가지로 사람도 스트레스와 같은 긴장을 내려놓지 않는 한 성가시게 하는 신체적 고통이나 나쁜 행동 습관들이 개선되지 않는다. 따라서 어떻게 하면 스트레스를 내려놓을 수 있는지를 학습하는 것이 무엇보다 긴요하다.

사람들은 자신의 몸과 마음을 이완시키는 데 어려움이 있다고 하소연한다. 자기는 이완되었다고 생각하는데 몸은 여전히 굳어 있다는 것이다. 세상의 수많은 요구들을 흥분하지 않은 채 편안하게 받아들여야 하는데 어찌 그것이 쉽게 되겠는가? 한순간도 쉬지 않고 끊임없이 동요하는 마음을 지금 여기에 머무르게 하는 것이 쉬운 일은 아니지만 결코 불가능한 일도 아니다. 먼저 몸과 마음을 이완시키는 이완반응을 학습하자. 세계적으로 유명한 심신의학센터에서 채택하는 이완반응 프로그램은 실로 다양하다. 크게 다섯 부류로 나눌 수 있다.

첫째는 횡격막 호흡(Diaphragmatic Breathing), 다른 말로는 심호흡인데 동양에서는 단전호흡 등으로 불리는 호흡훈련법이다. 둘째는 명상(Meditation)으로, 마음챙김(Mindfulness)과 이완반응(Relaxation Response)이란 이름으로 활용된다. 셋째는 점진적 근육이완법(Progressive Muscle Relaxation) 같은 근육이완법이 쓰인다. 넷째는 심상법(Imagery 또는 Visualization)이란 방법이다. 다섯째는 각종 형태의 요가 수련법(Yoga)이다. 그밖에 몇몇 곳에서는 태극권(Taichi)이나 기도법(Prayer)이 활용되기도 한다.

위에서 언급한 다양한 이완반응 프로그램에는 두 가지 공통점이 있다. 첫째는 특정한 단어, 소리, 구절, 기도문(만트라 및 진언), 심상 이미지 또는 특정 신체활동을 반복(repetition)하는 것이다. 둘째는 이완 도중 잡다한 생각이 떠오르더라도 이런 생각에 끌려가지 않고, 알아차리며 반응하지 않는 태세를 취한다는 것이다.

이 책에서는 많은 이완기법 가운데 다양한 기법의 호흡명상, 이완반응을 일으키는 집중명상, 알아차림을 높이는 마음챙김 명상 그리고 상상을 통한 치유법인 심상법(Visualization)과 같은 심신의 이완을 중점적으로 다룰 것이다.

6.　　　　　　　　　이완반응의 효과

하버드 의대 부속 심신의학연구소를 비롯하여 많은 임상센터에서 오랫동안 이완반응을 임상에 적용한 후 환자들의 변화를 관찰했더니 다음과 같은 변화가 임상적으로 관찰되었다. 첫째는 전반적으로 스트레스와 관련된 신체적 증후들이 감소하였다. 따라서 이완반응으로 스트레스에 의한 여러 종류의 만성 질환들이 치료되고 예방된다는 점이 널리 알려졌고 인정되고 있다. 둘째는 상태 불안과 특성 불안과 같은 불안이 줄어든다는 것이다. 따라서 불안과 관련 맺고 있는 근심, 걱정, 자기 비난, 부정적 생각의 반복이 줄어들고 불면증 같은 수면장애도 개선된다. 셋째는 주의집중력이 증가하여 산만한 마음이 편안한 마음으로, 다시 말해 마음의 요동이 줄어드는 평정심이 커지고 각성 능력이 증가하는 등 마음의 평화가 두드러진다. 넷째는 자기 수용감의 증가로 넉넉하고 여유로운 마음이 증가한다.

이 같은 변화들은 정기적으로 꾸준하게 명상을 수련해야만 일어날 수 있다. 하버드 의대 부속 병원의 제러드 카스(Jared Kass)라는 심리학자는 앞서 제시한 이완기법 가운데 어떤 것이든 매일 정기적으로 수련하면 영성과 관련 있는 긍정적인 태도가 증가한다고 강조한다. 영성과 관련 있는 긍정적 태도란 삶의 목표감과 만족감이 증가하는 태도와 관련 있다는 것이다. 다시 말해 이완반응을 정기적으로 실천했더니 삶의 만족과 건강 증진과 같은 긍정적 태도는 증가하는 대신 병적 징후와 같은 부정적 태도는 감소된다는 것이다.

필자가 운영했던, 대학병원의 라이프스타일센터나 스트레스대처연구소의 명상훈련에 참여한 많은 환자들도 위와 비슷한 결과를 보이는 것을 관찰할 수 있었다. 명상을 기반으로 하는 스트레스 감소 훈련 프로그램에 열심히 참가하고 수련용 숙제를 잘 해온 사람은 보다 마음이 편안해지고 기분이 좋아지고 자기 수용적이 되는 동시에 보다 행복해하고 신체적 고통이 줄어들고 우울과 불안, 적개심, 의심과 같은 생각이 줄어든다는 것을 수백 사례를 통해 목격했다. 일반적으로 명상을 수련한 사람들은 과거나 미래에 대한 집착에서 빠져나와 현재의 순간에 더욱 충실해져 지금 하고 있는 일을 보다 즐길 수 있게 된다. 요약하면 비록 환자마다 종교나 문화의 전통이 달라도 자신에게 맞는 적절한 명상방법을 택해 꾸준히 규칙적으로 실천하면 이완반응의 유익한 점들을 즐길 수 있다는 것이다.

지금까지 명상이 뇌를 비롯한 심신에 미치는 영향을 과학적으로 알아보았다. 이제 명상수련 실습에 들어가보자. 차례대로 따라한 후, 비교적 쉽고 관심이 가는 명상법을 선택해 자신만의 고유한 명상법을 찾기를 바란다.

2부

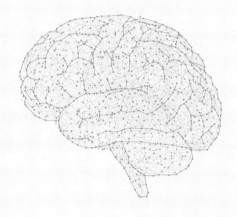

명상실습, 누구나 할 수 있는 방법들

5장
명상을 위한 준비

1.   명상에 임하는 태도

앞서 명상에 대한 오해와 진실에 관해 언급한 바 있지만, 아직도 많은
사람들이 명상에 대해 그릇된 생각과 태도를 버리지 못하고 있다. 이
런 잘못된 생각과 태도에 대한 수정이 없다면 명상 수행으로 기대한
만큼의 효과를 얻기 힘들다. 따라서 명상에 임하는 올바른 태도 정립
이 무엇보다 중요하다.

　매일 10분 정도 짧은 시간이라도 명상을 하면 반드시 효과가 있을
것이라고 믿는다면 그 효과가 나타난다. 조용한 시간을 마련하여 휴
식하는 것만으로도 스트레스를 관리하는 데 효과가 있고, 또 스트레
스와 관련된 여러 징후를 해결하는 데 도움을 받을 수 있다. 자신만을
위한 조용한 휴식 시간을 명상 시간으로 바꾸어 활용하게 되면, 그 이
익은 단순한 휴식 시간보다 훨씬 더 값지고 커진다.

명상의 효과를 극대화하기 위해 몇 가지 태도에 관해 살펴보자.

첫째. **명상이 시간낭비란 편견을 버려라.**

명상은 자신을 위해 무언가 이로운 일을 하는 것이다. 다시 말해 명상을 하게 되면 이완감을 느끼게 되고 활력을 느끼게 되며, 규칙적으로 하게 되면 신체적·정서적·심리적·영성적 이익이 된다. 이는 수천 년간의 인류 역사를 통해 입증되었고 앞서 본 것처럼 현대과학에 의해서도 증명되었다. 그럼에도 명상을 전혀 해보지 않은 사람이나 한두 번 해본 사람들이 명상을 귀찮고 쓸데없는 것으로 간주하는 경우가 많다.

평소 텔레비전을 보면서 휴식을 즐기던 사람에게 이제 텔레비전 시청은 그만두고 명상을 하라고 한다면 처음에는 저항감이 생길 것이고, 또 이런 부정적인 마음으로 한두 번 명상을 해본들 효과가 나타날 리 없다. 그러나 이런 저항을 극복하고 규칙적으로 며칠간 더 명상을 하게 되면, 명상을 하지 않으면 무언가 허전함을 느끼게 되는 상태에 이르게 될 것이다. 이때가 되면 규칙적으로 명상을 하려고 할 것이며, 이렇게 명상을 계속해나가면 신체적·정서적·심리적·영성적인 이점까지 얻게 된다.

명상은 의무나 강요로 하는 것이 아니다.

스스로 명상에 대해 흥미를 느꼈는가? 아니면 친구나 배우자 또는 어떤 분의 권유에 의해 명상을 하려고 하는가?

명상은 스스로 원해서 할 때 가장 좋은 효과가 나타난다. 권유에 의해 명상을 시작하게 되었을 경우라도 규칙적으로 실천하게 되면 앞서 본 신체적·정서적 또는 영성적인 도움까지 받을 수 있다. 따라서 이 단계에 오면 강요에 의해 명상을 한다고 생각하지 말고, 명상에서 얻어지는 유익한 점 때문에 명상을 한다고 생각을 바꾸어보라.

셋째. 명상을 경쟁하듯 하지 말라.

명상을 시작할 때 마치 누구와 경쟁하듯 하는 경우가 많다. 특히 다른 사람들과 함께 명상할 때 그들보다 좀 더 잘해야겠다는 마음을 갖기 쉽다. 혼자 명상을 하는 경우라도 자기 자신과 경쟁하는 마음이 생길 수도 있다.

명상하는 동안 일어나는 경쟁심이란 이런 것이다. 예컨대 남과 더불어 명상할 때 누가 더 오래 앉아 명상할 수 있는가, 명상을 하는 동안 누가 흥미로운 경험을 더 많이, 더 자주 하게 되었는가, 혈압이 얼마나 많이 떨어졌는가, 얼마나 긴 시간 동안 명상을 하는가 등등이다. 이런 경쟁심을 부추기게 되면 몸과 마음이 오히려 더 긴장되기 때문에 유익한 효과를 얻기는커녕 정반대의 나쁜 효과를 얻게 된다.

겸손한 태도를 지니자.

명상을 시작한 지 얼마 지나지 않아 심신에 유익한 효과를 느끼게 된다. 이런 유익한 체험을 한 후부터는 주변 사람들에게 명상의 효과에 대해 지나치게 과장하여 언급하고 명상할 것을 권유하게 된다.

이는 나쁜 일은 아니지만 명상에 대한 경험도 없고 호감도 갖고 있지 않은 사람들에게 명상을 강권한다는 것은 오히려 명상에 대한 불필요한 오해를 자아낼 수 있다. 명상을 많이 한 사람은 남에 대한 비판을 삼가고 다른 사람들에 대해 보다 수용적이고 관용적이며 겸손한 태도를 갖는다.

다섯째. 마음이 성급해졌을 때는 명상하지 않아도 된다.

명상 초보자인 경우, 대단히 중요한 일을 앞두고 있다거나 스트레스를 받는 사건을 앞두고 있을 때는 명상하지 않아도 된다. 예컨대 시험을 앞두고 있다거나 중대한 발표를 앞두고 있을 때 명상을 하려고 애쓰지 말라는 것이다.

이런 때 명상을 하게 되면 마음이 안정되지 못하여 쉽게 방황하게 된다. 그 대신 마음이 비교적 편안할 때 하게 되면 쉽게 명상을 할 수 있다. 예컨대 직장에서 돌아온 후 하루의 일과가 끝난 저녁에 하면 마음이 쫓기지 않아 명상하기가 쉽다. 이때는 해야 할 일에 대한 생각을 내려놓고 명상에 초점을 맞추기 쉽기 때문이다.

명상을 규칙적으로 오랜 기간 하게 되면 잡념을 통제하기 쉬워지고 이완능력도 커지게 된다. 이때는 스트레스를 일으킬 수 있는 사건을 앞두고도 명상을 할 수 있고 도움도 받을 수 있다. 이때 명상을 하면 처음 시작할 때는 마음이 조금 흔들리지만 금방 안정된다. 이 경우 호흡명상이 가장 효과적이다. 마음이 진정되면 상황을 알아차림 한 후 적절한 반응을 선택하라.

명상 초보자의 경우, 스트레스 받을 때 명상을 하게 되면 마음이 흔들려 안정을 취할 수 없기 때문에 이때는 명상하기를 추천하지 않는다. 이때 명상을 해본 사람들은 명상이 별다른 효과가 없다고 이야기하거나 아예 명상을 포기하기 쉽다. 그러므로 스트레스가 낮은 평화로운 시점에 명상을 시작하는 것이 바람직하다.

여섯째.　　특정한 기대를 갖고 명상을 시작하지 말라.

처음부터 어떤 영적인 이익을 얻길 기대하고 명상을 시작하는 사람들이 있는데, 이는 잘못이다. 이런 사람들은 명상을 하면 깨달음을 얻는 것과 같은 놀라운 경험을 하리라고 기대한다. 하지만 기대감을 가지면 마음의 방황이 심해져 오히려 안정되지 못한다. 앞서 본 것처럼 명상은 심신의 안정을 통하여 일차적으로는 신체적 이점을 주고 다음으로 정서적·심리적 이점을 얻게 한 후 그다음으로 영적인 이점을 준다.

명상의 진행단계를 세세히 따지고
분석하려 하지 말라.

명상은 지금 이 순간을 충실히 알아차림 하고 살아가는 마음훈련이
다. 명상하는 동안 자신의 마음 변화과정을 일일이 분석하게 되면 오
히려 마음이 더 심하게 흔들리게 된다. 예컨대 명상하는 사람이 지금
내가 명상을 옳게 하고 있는가, 이 단계에서는 마땅히 이런 느낌을 느
껴야 하지 않을까, 내가 호흡하는 것이 너무 빠르지 않은가, 내가 앉
아 있는 자세가 바른가 등등 자신의 명상 단계나 태도에 대해 지나치
게 따지고 의식하게 되면 마음이 방황할 수밖에 없다.

　일어나고 있는 과정을 이렇게 저렇게 따지고 분석한다는 것은 곧
무언가를 생각하고 있다거나 의식의 초점을 놓치고 있다는 것을 의미
한다. 명상하는 동안 이러한 생각이 일어나게 되면 지금 내 마음속에
이런 생각들이 일어나고 있다는 것을 인정하고 이 생각들에 사로잡혀
가지 말고 그냥 저절로 사라지게 내버려두라.

　명상이 끝난 후 일상적인 생활로 돌아왔을 때 이런 생각을 다시 할 수
도 있다. 그러나 명상을 하는 동안에는 그러한 생각들을 판단하고 분석
하려고 하지 말고 그저 알아차림 하고 내려놓아 저절로 사라지게 하라.

여덟째. 　　　　　　인내심을 길러라.

앞서도 언급한 것처럼 규칙적으로 명상수련을 하면 신체적·정서적·

심리적·영성적으로 이익이 나타난다. 그러나 이러한 이익은 즉각적으로 나타나지 않고 점차적으로 나타나게 된다. 그러니 명상수련으로 도움을 받으려면 인내심이 필요하다.

명상을 하루 이틀 했다고 해서 심장병 발작률이 바로 줄어들고 성급함이나 적개심도 줄어들 것이며, 영적인 깨달음을 바로 얻을 것으로 기대하지 말라. 이러한 이점들은 분명히 나타나지만, 다만 시간이 걸릴 뿐이라고 생각하라. 따라서 인내심을 가지고 규칙적으로 꾸준히 수행을 거듭하다 보면 명상의 모든 효과를 자연스럽게 얻게 될 것이다. 명상수련에 있어서 인내심을 기른다는 것은 곧 지혜를 기르는 과정인 것이다.

2. 명상 동기를 부추기는 방법

우리는 신체나 마음의 건강을 위해 좋은 방법들이 있다는 것을 알고 있으면서도 실천에 옮기지 않는다. 예컨대 우리는 어떤 특정 음식을 섭취하는 것이 건강에 해롭다는 것을 잘 알면서도 계속하여 그 음식을 먹는 경우가 있고, 운동을 하지 않으면 건강에 해롭다는 것을 알면서도 운동하지 않으며, 과다한 흡연이나 음주가 건강에 좋지 않다는 것을 알면서도 금하지 못하고 있다.

명상의 경우도 마찬가지다. 명상을 규칙적으로 하는 것이 좋다는 것을 알면서도 핑계를 대면서 빼먹는 경우가 흔히 있다. 이런 식으로 하루를 빼먹으면 그 다음날도 또 다른 핑계를 대면서 빼먹게 되고 그러다가 일주일을 빼먹고는 아예 명상을 하지 않게 된다. 이렇게 핑계를 대고 새로운 건강한 습관을 만들지 못하는 경우가 흔히 발생한다.

명상을 규칙적이고 지속적으로 하게 되어 몸과 마음에 뚜렷한 이점을 얻게 되면 명상하고 싶은 동기가 저절로 만들어진다. 이렇게 스스로 하고 싶어지는 명상의 동기가 만들어질 때까지는 최소한 4주쯤 걸리게 된다. 새로운 행동이 하나의 습관으로 정착되려면 최소한 30일쯤 걸린다는 것이다. 그러므로 처음 한 달간만 자기 자신에게 명상할 동기를 부추겨서 지속적으로 하게 되면 그 후부터는 명상하는 것이 새로운 습관이 될 수 있다. 이때가 되면 명상하는 시간이 기다려진다. 즉, 제시간에 명상을 하지 못하게 되면 무언가 허전하고 초조하게 느껴진다. 이때가 되면 명상을 대체할 정도의 보람 있는 일거리를 발견할 수 없다고들 말한다.

대체로 명상을 처음 시작할 때는 관심과 열정이 매우 높다. 그래서 모든 것이 새롭게 보이고 흥분되기도 하며 명상 시간이 기다려지기까지 한다. 그러나 몇 주가 지나면 명상에 대해 처음 가졌던 신기함과 호기심은 점차 사라진다. 몇 가지 명상의 이점을 느끼기도 하겠지만 앞서 언급했던 명상의 다양한 이점들을 모두 다 느낄 수는 없다. 이때는 아직 명상이 확실하게 습관이 되지 못한 상태라 때때로 좌절감에 빠지기도 한다.

이처럼 신기한 느낌은 사라지고 아직 습관도 되지 못한 이 시기를 잘 넘겨야 한다. 이 시기에는 무슨 이유든 둘러대면서 명상하는 것을 빼먹으려 하게 된다. 그러므로 이때 마음속으로 명상의 필요성과 중요성을 다짐하고 가능한 한 명상을 지속해야 한다고 동기를 부추겨야 한다. 이런 취약 시기에 명상을 빼먹게 되면 명상하지 않는 이유를 합리화하기 때문에 다시 예전의 타성적 삶으로 돌아가기 마련이다. 명상할 동기를 부추기는 데 도움이 될 몇 가지 비결이 있다.

비결 1.　　　명상해야 할 이유를 열거해보라.

사람들은 모두 제각기 다른 이유를 갖고 명상을 시작한다. 어떤 사람은 스트레스 관리가 이유이고, 어떤 사람은 영성적인 깨달음을 얻기 위해서이며, 또 어떤 사람은 신체적·정신적 건강을 위해서이기도 하고, 또 어떤 사람은 위에 열거한 모든 것을 얻기 위해서이다.

명상수련에 앞서 가장 먼저 해야 할 일은 명상을 하기 위한 자기 자신의 고유한 이유를 찾아보는 것이다. 과연 나는 무슨 이유로 명상을 하려 하는가, 내가 얻기를 기대하는 구체적 이점은 과연 무엇인가 등에 대해 간략하게 써보자.

다음 단계에서는 이런 기대하는 이점들이 명상을 통해 성취되었을 때 내가 누릴 수 있는 모습은 구체적으로 어떠할까, 이런 이점을 얻게 되었을 때 내가 느낄 수 있는 환희감은 어떠할까를 상상해보라.

예컨대 명상하는 주된 이유가 스트레스를 관리하여 혈압을 낮추고, 심장병 발작의 위험률을 낮추는 것이라고 가정해보자. 사실 이런 것은 지속적으로 명상하기에는 미약하고 막연한 동기이다. 그러나 가령

병원에서 의사로부터 혈압이 정상으로 돌아왔다는 말을 들었다고 상상해보라. 이는 매우 구체적이고 강력한 보상이 된다. 이런 구체적 보상을 얻는 것이 보다 강한 동기를 유발한다.

사람마다 명상을 통해 이루고자 희망하는 이점들이 다를 수 있다. 만약 영적으로 깨달음을 얻는 것이 명상하려는 동기라면 얼마나 깨달음에 가까이 다가가는 듯한 느낌을 느낄 수 있는가가 주된 관심거리가 될 것이고, 마음의 안정과 평화를 원하여 명상을 하려고 한다면 지금 내 마음이 얼마나 덜 긴장하고, 덜 스트레스를 받고 이완되는가가 관심거리가 될 것이다.

당신이 바라는 명상의 이점들을 구체적으로 목록화해보라. 목록을 작성한 후 명상을 하지 않고 건너뛰려는 마음이 들 때마다 이 목록을 다시 한 번 살펴보고 명상을 함으로써 얻을 수 있는 구체적 이점들을 상기해보라.

비결 2.   핑계 대지 말라.

우리는 너무나 자주 핑계를 댄다. 명상의 경우도 그렇다. 그래서 하루 정도는 명상을 빼먹는다 해도 해가 없을 것이라고 생각하기 쉽다. 사실 오늘 하루 명상을 하지 않는다고 해서 당장 해가 생기는 것은 아니다. 그러나 오늘 하루 명상을 빼먹는 버릇이 다음날로 이어져 명상을 아예 하지 않게 될 수도 있다.

중요한 것은 명상을 빼먹으려고 핑계를 대지 않는 것이다. 그럴 때 첫 단계는 명상을 하지 않으려는 마음이 일어나고 있음을 알아차리는 것이다. 오늘 아침에 명상을 하지 않는 대신 오늘 저녁에는 반드시 할 것이라고 스스로에게 말하고 있는가? 나 자신을 향해 과연 '이런 이유가 진실한 것인가? 정말 나 자신에게 솔직한 것인가?'라고 되물어보라.

많은 사람들이 저녁에 명상을 할 것이라고 말하면서 아침 명상을 건너뛴다. 일반적으로 저녁 시간에는 아침 시간보다 더 할 일이 많아 바쁘다. 늦게 퇴근할 수도 있고, 야간작업을 해야 할 수도 있고, 슈퍼마켓에 장을 보러 가야 할 수도 있고, 친구의 생일파티 초대에 가야 할 수도 있고, 저녁식사 준비와 설거지를 해야 할 필요가 있고, 목욕을 해야 할 필요도 있고, 미루어둔 청소나 빨래를 해야 할 수도 있다. 아무튼 저녁에 해야 할 일거리가 훨씬 더 많다.

요컨대 마땅히 명상해야 할 시간에 하지 않고 빼먹을 이유를 둘러대는 자신을 발견했다면 그냥 넘어가지 말고 그러한 이유가 솔직한 이유인지 스스로 물어보라. 가장 진실한 것은 자기 자신에게 솔직해지는 것이리라.

비결 3.　　　　　명상일기를 쓰자.

명상할 동기를 부추기는 또 하나의 비결은 꼬박꼬박 명상일기를 쓰는 것이다. 명상일기에는 다음과 같은 두 가지 사항이 포함되면 좋다.

▶ **명상계획 수립**

매일 일정한 시간에 명상을 하겠다고 마음먹었다 해도 한 주간 명상
계획을 수립하고 그것을 적어두라. 다시 말해 명상을 계획한 정확한
날짜와 시간을 분명히 알아볼 수 있도록 눈에 띄는 곳에 적어둘 필요
가 있다. 매일 명상할 것이라고 막연하게 말하면 쉽게 빼먹을 수 있게
된다. 따라서 글자로 써두는 것이 명상에 몰입하게 하는 보증이 될 수
있다. 말하자면 이렇게 함으로써 자기 자신과 계약을 맺는 셈이다.

▶ **명상을 끝낸 후 생각과 느낌 기록하기**

두 번째로 명상일기에 기록해야 할 사항은 명상이 끝난 후 그날의 인
상을 기록해두는 것이다. 즉, 오늘은 얼마나 오랜 시간 명상을 했고,
명상하는 동안 주로 어떤 생각을 했으며, 명상 전과 후 느낌의 차이는
어떠하였는지를 기록하는 것이다.

　이렇게 명상일기를 쓰는 것은 심리적 동기를 유발하는 역할을 한
다. 명상일기를 써야겠다는 필요성을 느끼게 되면 오늘 명상을 빼먹
었다거나 놓쳤다는 기록을 남기는 것이 창피하고 부끄러운 일임을 알
기 때문이다. 이런 심리적 불편감이 일어나지 않도록 하기 위해 매일
명상을 놓치지 않고 하겠다고 다짐하게 될 것이다.

비결 4.　　　　　나만의 명상의식을 만들자.

개에게 종소리와 먹잇감을 결합시키면 나중엔 종소리만 들어도 개가

침을 흘리게 된다는 파블로프의 조건반사를 알 것이다. 이처럼 명상을 하는 과정이 근사한 조건반사가 되도록 하는 것도 명상의 동기를 부추기는 좋은 방법이 된다.

명상을 의식화할 때는 명상하기 전 몇 가지 조건이 충족되어야 한다. 이를테면 조용한 장소를 택해 방석을 깐 후, 촛불을 켜고, 커튼을 내리고, 자리에 앉은 후, 전깃불을 끄는 등 일련의 의식을 치른 후 명상에 들어가는 것이다.

이러한 일련의 세러모니를 매일 명상하기 전에 치르면 세러모니 자체가 명상과 관련되어, 처음에는 명상을 즐기지 못했다 해도 명상 세러모니를 통해 명상 욕구가 커질 수 있을 것이다.

비결 5.   바로 행동으로 옮기자.

가만히 앉아 명상하는 것을 좋게 생각하지 않는 사람이 정좌명상(sitting meditation)을 시작한다는 것은 쉬운 일이 아니다. 이러한 사람에게는 동작을 하는 활동성 명상을 권하고 싶다. 사실 의식을 어느 한 곳에 맞춰 명상한다는 것은 쉬운 일이 아니다. 이런 어려움을 알고 있는 사람은 명상을 빼먹고 싶은 유혹에 쉽게 빠진다. 오늘은 명상하기에 좋은 날이 아니라고 스스로에게 말할 때도 자주 있다. 하지만 하기 싫은 이유를 따지지 말고 바로 명상을 하라.

명상하겠다고 마음속으로 다짐하는 것만으로도 기분이 바뀌는 수가 있다. 일단 조용한 곳에서 혼자 5분 동안만 명상을 해도 기분과 태도가 바뀌게 된다. 따라서 명상을 하고 싶은 기분이 아니더라도 자기 자신을 위해 5분만 할애하라고 스스로에게 말해보라. 5분 후가 되면 이렇게 행동으로 옮긴 것이 참으로 잘한 일이란 것을 알게 될 것이다.

비결 6.　　　　　　짧은 시간 동안 하라.

숙련된 수행자가 아니라면 오랜 시간 동안 가만히 앉아 한 곳에 초점을 맞추어 나간다는 것은 정말 쉬운 일이 아니다. 자세가 불편할 것이고, 꼬리에 꼬리를 무는 생각에 휩쓸려가다 보면 초점을 잡기가 더욱 어렵다는 것도 알게 될 것이다.

　오랜 시간 동안 명상을 한다는 것은 마치 오랜 시간 고된 일을 하는 것처럼 힘들고 귀찮은 일이므로 처음부터 명상하고 싶은 마음이 생기지 않게 된다. 이런 이유로 명상하기를 꺼려하거나 건너뛰고 싶은 욕망이 생기게 된다. 다행히도 이런 핑계를 쉽게 잠재울 비결이 있다. 간단하다. 한 회차에 45분이나 1시간 정도의 긴 시간 동안 명상을 하는 대신 10분에서 15분 정도의 짧은 시간 동안 명상을 해보라. 비록 이렇게 짧은 시간 명상을 해도 정기적으로 명상을 하는 습관을 기른다면 도움을 받을 수 있고 효과도 있다.

비결 7.　　　　　　활동성 명상을 많이 해보자.

우리는 명상이 일상생활 속에서 발생한 스트레스를 감소시키는 데 좋은 방법이 되고, 스트레스가 막 시작되었을 때 명상을 하게 되면 스트레스의 엄습으로부터 자신을 지킬 수 있다는 것을 잘 알고 있다. 그러나 세상살이가 지나치게 바쁘다 보니 명상할 동기를 상실하는 수가 많다.

또 사람들은 어느 한 곳에 조용히 앉아 있으면 아무것도 하지 않는 것만 같아 죄책감을 느낀다. 사실 자신이 당면하고 있는 스트레스를 해결하고 나아가 자신의 내면세계를 알게 되는 자신만의 시간을 갖는 것이 필요하다는 것을 잘 알면서도 개인적으로 명상 시간을 갖는 것에 대해 죄의식을 갖는다.

우리는 해야 할 일이 너무나 많고 또 계속적인 움직임 속에서 살아오는 데 익숙해져 있기 때문에 자신을 위해 특별하게 시간을 마련하여 조용하게 앉아 있는 것을 시간 낭비라고 생각하기 쉽다. 명상하는 것이 심신건강에 좋고 잃어버린 자기 자신을 되찾는 데 매우 가치 있는 일이라고 생각하면서도 명상 시간을 마치 사치스러운 시간으로 간주하는 잘못된 생각을 하는 것이다.

이러한 죄의식을 어떻게 하면 경감시킬 수 있을까? 활동성 명상을 함으로써 이 문제를 해결할 수 있다. 걷기명상, 먹기명상은 두말할 것도 없고, 심지어는 설거지나 청소와 같은 활동성 명상을 통해서 가능하다. 이처럼 어떤 구체적인 행동의 실천을 통해 명상을 하게 되면 비활동성 명상으로부터 오는 죄의식을 경감시킬 수 있다.

음성 명상유도문을 활용하자.

걱정거리가 생겼을 때 명상한다는 것은 참으로 어렵다. 이때 조용히 앉아서 마음을 안정시킨다는 것은 실제로 불가능하다. 이럴 때 녹음된 명상 유도문을 들으면서 따라 하면 도움을 받을 수 있다.

명상 유도문을 들을 수 있는 CD나 음성파일, 영상을 켜놓고 수동적으로 따라가기만 해도 되기 때문에 다음 단계에 무엇을 해야 하는지 또는 자신의 호흡 속도가 빠른지 느린지 등등에 대한 생각을 하지 않고 쉽게 명상을 할 수 있다. 명상 지도자가 유도하는 소리에만 주의의 초점을 두고 따라가자.

믿을 만한 명상 지도자를 발견하라.

믿을 만한 명상 지도자나 도반(道伴)을 발견한다면 명상에 대한 회의감에 빠져 명상을 포기하려고 할 때 큰 도움을 받을 수 있다.

무엇보다 신뢰할 만한 명상센터에 나가 경험과 자격 있는 지도자로부터 명상에 대한 전반적 이해와 수련을 지도받는 것이 가장 현명한 방법이다. 처음 명상을 배우는 사람에게는 다양한 명상 방법 가운데 자기의 요구에 가장 적합하고 따라 하기 쉬운 것을 택하는 것이 무엇보다 중요하다.

다음으로 명상을 좋아하면서 '나'와 함께 명상을 할 수 있는 마음 맞는 수련동료, 다시 말해 도반을 발견하면 좋다. 가능한 한 나와 가까이에 살고 있어서 같은 명상센터에 나간다거나 자주 만나 명상수련을 함께 하고 이야기도 서로 나눌 수 있는 사람이면 더 말할 나위가 없다.

3. 명상 전 준비사항

앞서 우리는 명상의 준비사항으로서 조용한 장소를 택하고, 편안한 옷을 입고, 남의 방해를 피할 수 있는 시간을 선택하는 등 몇 가지 사항에 대해 간단하게 살펴보았다. 여기서는 앞서 언급한 준비사항을 보다 자세하게 살펴보자.

준비사항 1. 명상 시간을 따로 마련하라.

앞서 지적한 것처럼 "나는 매일 명상을 할 것이다."라고 단순하게 말하는 것으로는 충분하지 않다. 명상 시간을 특별히 할애하지 않는 한 무슨 이유를 대든 명상을 빼먹으려 하는 것이 일반적이다.

일정한 시간에 식사를 하듯 명상도 일정한 시간에 해야 할 필요가 있다. 아침 몇 시면 일어나고, 몇 시면 출근길에 나서고, 몇 시면 퇴근하는 것처럼 명상 시간도 하루의 시간 속에 고정적으로 지정해두자. 그런 후 자신의 명상 지정 시간을 주변인에게 알려 명상을 하는 동안 방해받지 않도록 해야 할 것이다.

이렇게 당신의 명상 지정 시간을 스케줄로 만들려 할 때는 다음과 같은 두 가지 사항을 특별히 고려해야 한다.

▶ 명상하고 싶어지는 시간을 선택하라.

사람마다 하루 24시간 중 특별히 의욕이 솟고 기분이 좋아지는 시간과, 이와는 반대로 의욕도 기분도 엉망인 시간이 있을 수 있다. 명상을 하기 위해서는 다른 식구들이 아직 일어나지 않은 조용한 새벽시간이 이상적이다. 이런 이른 시간에 명상을 하게 되면 마음이 안정되기 쉽고 일과에 쫓기지 않아 이상적이다. 사람에 따라서는 가족들이 잠든 저녁 시간에 명상을 해도 좋을 수 있다.

명상을 처음 배우는 초보자들의 경우 스트레스를 많이 받는 시간에 명상을 하면 좋지 않다는 것은 앞서 언급한 바 있다. 이때 명상을 하면 주의의 초점을 놓치기 쉽기 때문이다. 어느 시간에 명상을 하는 것이 좋은가는 사람에 따라 다르다. 명상하기 좋은 시간을 스스로 찾아 정해보자.

▶ 명상할 시간을 충분하게 확보하라.

일단 명상에 들어가면 적어도 15분 이상 하는 것이 좋다. 연구에 의하면 이완명상을 할 경우 명상에 들어간 지 12분 후에 체온, 호흡, 심장박동률, 혈압 등 생리적 지표가 이상적인 상태에 들어간다고 한다. 따라서 명상을 통해 최소한 생리적·신체적 이익을 얻으려고 한다면 하루 한 회 이상, 한 회당 15분 이상 명상을 지속하는 것이 좋다. 하버드

대의 허버트 벤슨 박사는 아침, 저녁 하루 2번, 1회에 20분 정도의 이완명상을 권하고 있다.

명상을 시작한 후, 시간이 얼마나 경과되었는지 궁금할 때가 많다. 그래서 가끔 시계를 쳐다보고 싶을 때가 생긴다. 이럴 때는 스마트폰 등을 활용해 타이머를 맞춰보라. 주의의 초점을 원하는 시간까지 방해 없이 지속하는 데 도움이 될 것이다. 타이머 소리가 지나치게 크면 안정된 마음을 흔들어 놓을 수 있다. 이 점에 유의하자.

준비사항 2.　명상할 조용한 공간을 선택하라.

명상을 오랫동안 실천해온 전문가들은 언제 어느 곳에서나 자유롭게 명상을 할 수 있지만, 명상 초심자들은 편안하고 이완감을 불러낼 수 있는 조용한 장소를 선정하는 것이 이상적이다.

업무 중 단 몇 분이라도 짬을 내어 명상을 해야겠다는 필요성을 느끼는 사람도 의외로 많다. 그래서 10여 분 동안이라도 의자에 앉은 채 명상을 하려고 한다. 그러나 스트레스가 많거나, 동료 직원들에 의해 방해받기 쉽거나, 수시로 걸려오는 전화로 인해 방해받을 수도 있어서 뜻대로 잘 되지 않을 것이다. 동료에 의해 방해를 받지 않고, 전화도 걸려오지 않는다 하더라도 마치 바늘방석에 앉아 있는 듯한 초조감이나 긴장감을 떨쳐낼 수 없을 것이다. 이럴 때는 어떻게 해야 할까?

점심시간이나 약간의 짬을 낼 수 있는 시간에 사무실 가까이 있는 공원이나 도서관 또는 빌딩 안의 조용한 곳을 찾아가는 것이다. 그리고 그곳에서 10여 분 동안만 명상을 해보라.

집에서 명상하는 것을 습관화하고 싶은 사람은 자기 자신만의 '명상 장소'를 선택하라. 넓은 공간일 필요는 없다. 단정하고 조용한 공간이면 족하다. 그곳에 간단한 명상용 방석이나 의자를 갖추면 된다. 마음속으로 이 공간은 나 자신을 위한 공간이라고 여기고, 마음에 드는 약간의 장식을 하는 것도 좋을 것이다.

야외에서도 명상 장소를 선택할 수 있다. 산책로 주변에 있는 조용한 장소, 예컨대 공원의 특정 벤치, 숲 속의 어떤 특정 나무 밑, 호숫가의 둑 등 사람들이 많이 다니지 않아 방해를 비교적 덜 받을 수 있는 장소이면 좋을 것이다. 산책길에서 멀리 떨어져 있지 않은 곳에 조용히 앉아 쉴 수 있는 곳이라면 명상 장소가 될 수 있다.

준비사항 3.   명상할 분위기를 조성하라.

명상 분위기를 조성하기 위해 몇 가지 세러모니가 필요할 수도 있다. 즉, 명상하기 위해 자리에 앉기 전 마음을 차분하게 하기 위한 몇 가지 의식적인 행동을 예로 들어보자.

먼저 명상할 장소로 간 후 방석을 깔고, 커튼을 치거나 블라인드를 내리고, 어두운 등불을 켜고, 경우에 따라 향을 피우거나 촛불을 켜거나 기타 마음을 진정시키는 데 도움이 될 일련의 의식적인 행동을 실천한다. 다음으로 명상 가이드용 음성이나 영상을 준비하거나, 향초와 같은 특정한 하나의 초점 대상을 설치한 후 타이머를 설정한다.

편안한 복장을 선택하라.

마지막으로 명상하기 위해 편안한 복장을 준비한다. 시중에는 명상용 (또는 수련용) 복장들이 많이 나와 있다. 특별한 명상용 복장을 살 필요 없이 집에 있는 편안한 복장을 선택해도 무방하다.

　명상하기 위해서는 가능한 한 헐렁한 옷을 입도록 한다. 청바지나 쫄바지처럼 몸에 지나치게 달라붙는 옷은 명상하기에 적합하지 않다. 옷을 갈아입기에 적절치 않을 때는 허리띠나 넥타이를 좀 느슨하게 하거나, 와이셔츠의 첫 번째 단추를 풀거나 구두를 벗는 등, 조이는 장치를 느슨하게 하는 것이 중요하다.

6장
명상의 종류

수천 년 동안 이어온 명상의 기법은 대단히 많기 때문에 자기 자신에게 맞는 명상 기법을 살펴보고 선택할 필요가 있다. 일반적으로 널리 알려진 명상법을 크게 두 가지로 분류하면 집중명상(concentration)과 마음챙김 명상(mindfulness)으로 나눌 수 있다. 불교에서는 이를 지법(止法, samatha)과 관법(觀法, vipassana)이라 한다. 이 두 유형의 명상법으로부터 수많은 종류의 명상 기법이 파생되었다. 여기서는 먼저 이 두 명상의 기법과 그 차이를 살펴보고, 여기서 파생한 일곱 가지 중요한 명상 기법을 살펴보려고 한다.

1.   집중명상

집중명상은 '구조화된(structured) 명상'이라고도 한다. 앞서 우리는 명상이 고대인들이 타오르는 불길을 응시하는 데서부터 시작되었을 것으로 추측하였다. 타오르는 불길을 집중적으로 응시하는 것도 집중 명상이다. 다시 말해 집중명상이란 특정한 대상이나 활동 또는 특정 한 말이나 개념에 마음의 초점을 두는 명상을 말한다.

그러므로 집중명상을 할 때 사람들은 특정한 소리(sound), 시각적인 상(visual object), 활동(activity), 읊조림(chant) 및 개념(concept)과 같은 것에 마음을 집중하는 훈련을 한다. 집중명상에 속하는 몇 가지 주요 명상 기법들을 살펴보자.

1. 소리명상

계곡의 흐르는 물소리, 쏟아지는 폭포의 물소리, 해안가에 부딪치는 파도소리, 숲에서 들려오는 바람소리, 새소리, 사찰에서 들려오는 종 소리나 북소리 등등 특정한 소리의 시작과 변화 그리고 사라짐에 주 의의 초점을 둘 수 있다. 소리명상을 하는 사람들은 특정 소리에만 초 점을 두기 위해 명상을 할 때 눈을 감는다. 왜냐하면 눈을 뜨고 명상 을 하게 되면 주변의 시각 정보가 소리에 대한 집중을 방해하기 때문 이다.

2. 시각명상

시각명상을 하는 사람은 특정한 시각적 상에 주의의 초점을 둔다. 그 대상이 펄럭이는 촛불일 수도 있고, 장작불에서 보이는 불꽃일 수도 있고, 벽시계의 천천히 움직이는 추일 수도 있고, 달마상과 같은 특정 그림일 수도 있고, 자연의 경관일 수도 있다. 시각명상을 할 때는 외부에서 들려오는 소음을 차단하기 위해 헤드폰을 끼거나 소음이 없는 조용한 장소를 택하는 편이 좋다.

3. 특정 활동에 초점 두기

예컨대 걷기와 같은 특정 신체 활동에 주의를 집중하는 것이다. 걸어갈 때 팔의 흔들림이나 다리의 움직임과 같은 한 군데 신체 부위의 활동에만 초점을 둘 수도 있다. 가장 보편적으로 하는 활동 명상은 자신의 호흡 활동에 주의의 초점을 두는 호흡명상이다. 걷기명상과 호흡명상에 대해서는 뒤에 더 자세히 기술하고 실습해볼 것이다.

4. 특정한 구절이나 단어의 '읊조림'에 초점 두기

이 명상은 자기 스스로 읊조리는 특정한 단어나 구절의 소리에 주의를 두는 것으로 전통적으로 불교명상이나 힌두교명상에서 흔히 사용하는 '옴(ohm)'과 같은 특정 단어의 읊조림이 많이 사용되고 있다. 이러한 특정한 단어의 읊조림을 '진언(眞言)'이라 부르기도 하고 '만트라(mantra)'라 부르기도 한다. 오늘날은 짧은 구절, 예컨대 "나는 이완되었다.", "나는 행복하다.", "모든 것은 사랑이다." 따위의 말을 사용하기도 한다. 만약 영적인 것에 관심을 둔다면 기도문이나 성전의 구절을 읊조릴 수도 있다. 만트라 명상 실습에 관해서는 뒤에 더 자세히 기술할 것이다.

5. 하나의 특정한 '개념'에 마음 모으기

집중명상법 가운데 가장 널리 알려진 것은 특정한 '개념(concept)'에 마음을 모으는 명상이다. 이를테면 "삶의 근본 목적은 무엇일까?", "사랑이란?", "용서란?", "자비심이란?", "인간의 본디 모습은?" 등등 특정한 개념에 마음을 모으는 것이다.

한국의 전통적 불교명상에서는 "이 뭣꼬?", "출생 전의 내 모습은?", "이 손가락을 움직이게 하는 주인공은?" 따위와 같은 특정한 화두(또는 공안)에 마음을 모으는 간화선(看話禪)이 대표적이다. 이러한 개념은 논리적으로나 합리적으로는 도저히 풀 수 없는 논리 이전의 근원적 물음이다.

집중명상을 할 때 흔히 마음이 초점 대상으로부터 벗어나 방황하게 된다. 이럴 때는 마음이 방황하고 있다는 것을 일차적으로 알아차림하고 특정 대상으로 삼았던 사물, 소리, 개념 또는 활동 쪽으로 초점을 되돌리면 된다.

너무 급하게 마음의 초점을 옮기려 한다거나 이런 행위가 쓸모없는 짓이라거나 끊임없이 일어나는 마음의 방황에 대해 스스로 어리석다고 화를 내어서는 안 된다. 오직 초점으로 삼고 있는 특정 대상을 향해 천천히 의식의 초점을 되돌리기만 하면 된다. 집중명상을 할 때는 모든 사람이 당신과 같이 마음의 방황을 경험하므로 자신을 비난하거나 자괴감을 가질 이유가 없다.

우리는 대표적인 집중명상으로 호흡명상, 걷기명상, 만트라 명상을 다음 장들에서 실습해볼 것이다.

2.　　　　　　　　　마음챙김 명상

마음챙김(mindfulness) 명상은 '비구조적(unstructured) 명상'이라 부르기도 하고 '현재 속에 살아가기(living in the now)'라고 비유하기도 한다. 그 이유는 이 명상은 집중명상처럼 어떤 특정 대상에 의식을 집중하지도 않고, 또 마음이 방황한다 하더라도 개의치 않고 오직 지금 이 순간 의식 속에 떠오르는 모든 경험을 있는 그대로 수용하는 것을 주된 일로 하기 때문이다.

마음챙김 명상의 요점은 명상자가 자신의 반응에 함몰되는 것이 아니라 반응으로부터 조금 떨어져 초연한 관찰자(detatched observer)의 입장이 된다는 것이다. 다시 말해 지금 이 순간, 이곳에서 목격한 것에 대해 어떤 반응도 하지 않고, 판단도 하지 않은 채 단순히 일어나고 있는 것을 알아차림 하고 인정한다는 것이다.

이것은 말로 하기는 쉽지만 실천하기는 쉽지 않다. 우리는 지금까지 생각으로 자신의 반응과 감정을 통제하는 데 익숙해져 있다. 지금 이 순간 잠깐 살펴보라. 이 순간 갑자기 머릿속에 무슨 생각이 떠올라 자신도 모르는 사이에 자신의 반응을 통제하려 하거나 감정을 통제하려 하고 있지 않는가?

예컨대 아침에 샤워를 하고 있는데 갑자기 결제 날짜가 지난 어음 생각이 났다. 기분이 상해 투덜거리며 샤워를 대충 마치고 일을 처리하기 위해 정신없이 일터로 향했다. 하지만 마음챙김 명상을 하게 되면 감정 상태로부터 초연해진다. 그러므로 결제 날짜가 지난 어음이 생각났다면 '지불이 되지 않았구나.' 하는 생각만 할 뿐 자신을 향해 비난하고 평가하면서 화내는 반응을 하지 않는다. 단지 그런 사실만이 있었다는 것을 목격하고 인정하고 그리고 적절하게 천천히 대처할 수 있게 된다.

마음챙김 명상에서 해야 할 일이란 오직 지금 떠오르는 느낌이나 생각을 인정하고 그대로 받아들이는 것이다. 과거에 대해서나 미래에 해야 할 일에 대해서 염려하고 관여할 필요가 없다. 바로 지금 이 순간에만 충실하게 알아차림 한 채 깨어 있으라. 그래서 지금 이 순간 일어나는 모든 것을 경험하고 관찰하기만 하라. 이 책의 9장에서 '마음챙김에 기반을 둔 스트레스 감소(Mindfulness-Based Stress Reduction, MBSR)'라는 프로그램을 직접 실습하고 체험할 기회가 있을 것이다.

이제 집중명상과 마음챙김 명상의 차이를 살펴보았다. 다음에 언급할 다양한 명상 유형들은 집중명상과 마음챙김 명상의 두 갈래에서 파생된 명상기법들이다. 다음에 언급할 일곱 갈래 명상법은 비교적 쉽게 접할 수 있는 대표적인 명상방법인데 그중 몇 가지는 다음 장에서 실제로 연습할 것이다.

3.　　　　　일곱 갈래 명상법

1. 활동성 명상

흔히 명상이라고 하면 조용한 곳에서 가부좌 자세로 앉아서 눈을 감고 하는 정좌(靜坐)명상을 연상하기 쉽다. 이와는 정반대로 눈을 뜨고 어떤 종류의 활동을 실제로 행하면서 하는 명상이 바로 활동성 명상이다. 활동성 명상의 전형적인 예가 바로 걷기명상이다. 걷기명상처럼 실제로 활동하면서 할 수 있는 명상의 종류로 하타요가, 정원 가꾸기, 자전거 타기, 달리기, 수영하기, 하이킹, 그릇 씻기, 청소하기 등이 있다.

어떤 종류이건 단순하고 반복적인 활동이 포함되는 것은 모두 활동명상의 대상이 될 수 있다. 그리고 어떤 종류의 활동 명상이건 주된 포인트는 그 활동 자체에 의식의 초점을 둔다는 점이다. 특히 활동을 할 때 느껴지는 감각이나 느낌에 주의의 초점을 모으면 된다. 감각이나 느낌에 연관되어 나타나는 기타의 심리적 현상들에 대해서는 해석하거나 판단하지 말고 오직 어떤 활동의 한 측면에만 주의의 초점을 둔다거나 '지금' 이 순간 나타나는 경험의 알아차림에만 주의의 초점을 둔다.

걷기명상을 예로 들어보자. 먼저 첫걸음을 내딛기 이전부터 몸의 감각에 마음챙김을 해야 한다. 즉, 첫발을 떼기 전 서 있을 때 발바닥에서부터 느껴지는 신체 감각에 주의를 집중한다. 그렇게 하면 두 다리의 근육이 신체의 균형을 잡기 위해 어떻게 작용하고 있는가를 알 수 있게 된다.

자, 이제 걸음걸이를 시작하자. 먼저 한쪽 발을 들어 올릴 때 발가락, 발목, 무릎, 발바닥에서 느껴지는 감각과 발을 바닥에 내려놓았을 때 느끼는 감각들에 주의를 기울여라. 바닥에 발을 내려놓을 때 들려오는 소리에도 주의를 기울여라. 그 밖에 걸을 때 온몸의 부위에서 느껴지는 감각들에도 주의를 집중하라. 피부에 와 닿는 바람의 느낌, 입은 옷의 아늑함이나 조이는 촉감 등등의 감각들에 대해서도 주의를 모아라. 느껴지는 모든 감각을 통제하려 하지 말고 오직 느끼는 대로 알아차림 하라.

걷는 동안 호흡에 대한 알아차림 또한 매우 중요한 관찰 대상이다. 한 번의 호흡으로 몇 발자국을 걸어가는지, 한 번 호흡으로 편안하게 몇 발자국까지 걸어갈 수 있는지, 호흡을 너무 천천히 또는 빨리 하려고 하지 않고, 발걸음을 너무 느리게도 너무 빠르게도 하지 않고 자연스럽게 유지하는지 등등.

이런 활동성 명상은 어떤 면에서는 집중명상적 특성이 강하고 어떤 면에서는 마음챙김 명상의 특성을 갖고 있기도 하다. 걸을 때 느끼는 신체의 감각, 호흡 그리고 동작 하나하나의 감각에 주의를 기울인다는 입장에서는 집중명상이고, 걷기 전체로서 느끼는 감각, 주변의 경관, 소리, 냄새 등의 자극들에 대한 알아차림이라든가 걸으면서 느끼는 감정, 생각 그리고 내면적인 상태에 대한 알아차림 등은 마음챙김 명상적 특성이다.

마음챙김 명상으로 하는 경우라면 하나하나의 감각, 느낌, 생각에 대한 판단 없는 순수한 알아차림만 해야 한다. 마치 맑은 하늘에 구름이 흘러가는 것을 물끄러미 지켜보는 것처럼 내 주변에 일어나는 일들에 개입하지 말고 지켜보기만 하라.

걷기명상은 언제 어디에서나 할 수 있다. 주차 후 사무실까지 걸어가는 동안에도 할 수 있는 것이다. 걷기명상의 방법에 대해서는 뒤에서 좀 더 자세히 설명한다.

2. 개념성 명상

개념성 명상은 집중명상의 한 유형이지만, 이 명상은 특정한 대상이나 활동에 초점을 두는 대신 어떤 하나의 특정 개념의 의미에 초점을 두는 것이 특징이다.

최소한 15분 정도 세상일을 떠나 자기만의 조용한 시간을 갖도록 한다. 집안 식구들에게 최소한 이 시간 동안만은 방해하지 말도록 당부해둔다. 편안한 옷을 입고, 편안한 자세로 앉거나, 기대어 앉거나, 심지어는 누워도 관계없다.

먼저 심신을 이완하고 호흡하라. 그런 후 하나의 특정한 개념을 머릿속에 떠올려 그것에 관해 생각을 시작하라. 이러는 동안 온갖 잡동

사니 생각들이 마음속에 떠오를 것이다. 단지 이런 잡념들이 머릿속에 떠올랐음을 알아차리고 이런 잡념들에 이끌려가지 말고 잡념들을 내려놓아라. 마치 손에 잡고 있던 고무풍선이 바람에 날아가도록 놓아버리는 것처럼, 끊임없이 떠오르는 잡념들을 붙잡지 말고 계속 놓아버리도록 한다.

그런데 도대체 어떤 개념을 명상의 대상으로 해야 할까? 그것은 당신 자신에게 달려 있다. 그렇지만 골치 아프게 하는 생각이나 쓸데없는 생각, 이를테면 '이번 달 월세를 내지 못하면 어떡하지?' 또는 '내가 좋아하는 팀이 이번 시합에서 우승하지 못하면 어떡하지?'와 같은 생각은 명상의 대상이 되지 못한다. 그 대신 조금 모호한 듯한 추상적인 개념에 대한 새로운 관점이나 해석을 내릴 수 있는 개념이면 무엇이건 상관없다.

개념성 명상을 할 때 많이 사용되는 개념들의 목록을 열거해본다.

-계절의 변화가 갖는 의미는 무엇일까?

-사랑이란 무엇일까?

-고치에서 나비가 되는 자연의 이치는 무엇인가?

-자비심이란 무엇인가?

-이 세상에 나오기 전 나는 과연 무엇이었을까?

-내려놓음이란?

-무조건적인 받아들임(수용)이란?

-치유(힐링)란 무엇일까?

- 이타심이란?

- 침묵이란?

- 용서란?

- 빛과 에너지란?

- 생명력이란?

3. 기본 호흡명상

호흡명상은 집중명상이든 마음챙김 명상이든 모든 명상 방법들 가운데 가장 기본적인 명상이라 할 수 있다. 따라서 어떤 종류의 명상을 수행하든 호흡명상을 가장 기본적인 수련으로 강조한다. 그래서 호흡명상을 '기본 명상'이라 부르기로 한다.

여기서는 먼저 집중명상의 한 형태로 호흡명상을 살펴볼까 한다. 기본적인 호흡명상에서는 오직 호흡에만 초점을 두는 것을 강조한다. 외부의 영향을 덜 받는 조용한 곳에서 편한 옷을 입고 시작한다. 처음 1~2분간은 안정을 취하기 위해 마음속으로 '모든 사람은 사랑받고 행복할 자격이 있다.'라는 생각으로 마음을 다잡으면 온갖 생각의 질주가 멈추어 서고 마음이 안정된다. 마음이 안정되면 호흡명상을 시작한다.

마음을 모아 숨을 '들이쉬고', '내쉰다'. 이런 '들'과 '토'를 반복하면 호흡이 평소보다 느려지고 더 깊어진다. 그러나 불편할 정도로 호흡을 통제하려고 애써선 안 된다. 자연스럽게 해야 한다.

'들'과 '토'를 자연스럽게 반복하면서 '들' 할 때 폐 속으로 공기가 가득 들어오고, '토' 할 때 폐 속의 공기가 모두 빠져나가 최대한 수축된다는 점에 의식의 초점을 두는 것이 도움이 된다. 또는 호흡이 들고날 때 콧구멍 같은 특정한 장소에서 느껴지는 감각에 의식의 초점을둘 수도 있다. 어떤 방법이든 자기 자신에게 편안한 방법을 선택한다.

명상을 하는 동안 마음이 호흡을 떠나 방황하기 시작하면 마음이방황하고 있다는 것을 알아차리고 부드럽게 호흡 쪽으로 의식의 초점을 옮기면 된다. 이런 마음의 방황은 끊임없이 이어질 것이며, 이런마음의 방황이 일어날 때마다 지금 마음이 방황하고 있음을 알아차리고 호흡으로 의식의 초점을 되돌리면 된다. 마음이 방황하고 있다는점에 대해 자신을 비난하거나 비하해서는 안 된다. 많은 사람이 당신처럼 명상을 하는 동안 마음이 방황한다. 오직 인내심을 갖고 마음의방황을 알아차림 한 후 호흡 쪽으로 주의를 되돌리기만 하면 된다.

호흡명상을 하는 방법에 대해서는 7장에서 좀 더 자세하게 언급할것이다.

4. 만트라 명상

만트라(mantra)명상도 널리 알려져 있는 집중명상이다. 원래 '만트라'란 말은 '나를 보호한다.'는 뜻이다. 이 명상을 하는 사람들은 '옴'과같은 특별한 말을 읊조리는데, 불교에서는 만트라 명상을 진언(眞言)명상이라 한다.

만트라 명상은 현대의학에서도 치료에 응용하는데 뒤에 자세히 언급할 하버드 의대의 허버트 벤슨 박사가 활용하는 '이완반응 명상'이 바로 변형된 만트라 명상이다. 이 명상은 전형적인 집중명상의 한 형태로서 자신에게 특별한 의미를 갖는 특정한 단어나 구절을 선정한 후 이를 호흡과 함께 반복해 암송하는 것이다.

만트라를 선정할 때는 먼저 자신의 신념 체계나 종교에 따라 몇 개의 만트라를 선정하고 마음속으로 읊어본다. 그러고 나서 그중에서 따라 하기 쉽고 기분 좋게 느껴지는 만트라 하나를 선정한다.

만트라는 소리를 내어 할 수도 있고, 마음속으로 암송할 수도 있다. 편안하게 느껴지는 수준, 흔히 속삭이는 듯한 수준에서 행하는 것이 일반적이다. 의식의 초점은 만트라에 두어야 하며, 만트라를 반복 암송할 때는 입술과 혀의 운동과 호흡이 함께 협동하는 데 의식의 초점을 두어야 한다.

만트라의 선정, 수행의 실제 단계, 수행상의 주의 사항 등에 관해서는 8장의 〈집중명상 : 만트라 명상〉편을 참고하라.

5. 몸살피기 명상

몸살피기(body scan) 명상은 신체와 마음 간에 보다 튼실한 관계를 형성하기 위해 행해지는 명상이다. 몸살피기 명상을 규칙적으로 실천하게 되면 신체에 가해지는 스트레스 반응을 쉽게 알아차리게 되어 스트레스의 피해가 신체에 쌓이지 않도록 잘 관리할 수 있게 된다.

몸살피기 명상을 하려면, 우선 조용한 장소와 방해받지 않는 시간을 선택하는 것이 중요하다. 따라서 명상 수행에 방해가 될 수 있는 전화기, 텔레비전, 방문객, 소음 등이 차단된 상태에서 하는 것이 좋다. 느슨한 옷을 입고, 편안하게 눕거나 기대어 앉아서 할 수 있다. 이상적으로는 등을 바닥에 붙이고 누워서 눈을 감고 한다.

먼저 몇 초 동안 호흡에 초점을 두어 마음과 몸이 이완된 후 시작한다. 발가락에 대한 감각을 느끼는 것부터 시작한다. 발가락에서 어떤 감각이 느껴지는가? 또는 발가락에 먼저 긴장을 주었다가 금방 이완시켜보라. 긴장했을 때와 이완했을 때 느껴지는 감각의 차이를 알아차려보라.

이렇게 발가락에서부터 시작하여 다른 신체 부위의 감각 쪽으로 주의의 초점을 차츰 이동시켜나간다. 즉 발바닥, 발등, 발목 등이 바닥과 접촉하고 있는 부위에서 느껴지는 신체 감각을 느껴본다. 다리 부위에 약간의 긴장을 준 후 이완시키면서 긴장과 이완 사이에 달라진 느낌을 느껴본다. 옷과 피부 사이의 접촉감, 숨을 들이쉴 때와 내쉴 때 가슴에서 느껴지는 감각 차이 등에도 초점을 둔다.

등의 근육에서 느껴지는 감각에도 초점을 두고 등의 근육을 긴장시켰을 때와 이완시켰을 때 감각의 차이도 느껴본다. 특정 신체 부위에서 느껴지는 압박감 같은 것은 없는가? 이제 어깨 쪽으로, 다음으로 팔 쪽으로, 팔꿈치, 손목, 손가락까지 차츰차츰 관찰의 대상을 옮겨가면서 감각을 느껴본다.

이제 목 주위로 옮겨온다. 다음은 얼굴로 옮겨온다. 입술이나 턱에서 느껴지는 긴장감 그리고 긴장감을 내려놓았을 때 느껴지는 느슨함을 느낀다. 이제 눈의 긴장을 느낀다. 그리고 이완시켜보라. 이마 근육의 긴장감을 느낀 후 이완시켜본다. 그 차이를 느껴보라.

　이제 온몸이 완전히 이완되었을 것이다. 어떤 신체부위에서는 훈훈한 느낌이나 시원한 느낌이 들 수 있고, 깊은 이완감을 느낄 수도 있을 것이다.

　몸살피기 명상은 9장의 〈마음챙김 명상〉편에서 본격적으로 실습해볼 것이다.

6. 먹기명상

명상은 어느 때나, 어느 곳에서나 할 수 있는 것이다. 즉 걷기, 먹기, 마시기, 누워 있기, 앉아 있기, 서 있기, 남과 대화할 때나 침묵 속에서나 모두 명상수련이 가능하다.

　먹기명상의 경우, 행하는 방식에 따라 집중명상이 될 수 있고 마음챙김 명상이 될 수도 있다. 즉, 어떤 특정한 먹기 대상을 선정하여 이 먹을거리가 어떻게 만들어져 어떤 경로를 거쳐 이곳에 오게 되었으며, 이것이 몸속에 들어가 어떤 작용을 거쳐 자연 속으로 되돌아가는지 이 음식과 나와의 관계를 집중적으로 알아보는 데 초점을 둔다면 집중명상이 될 것이다. 한편, 이 먹을거리를 먹는 동안 순간순간 느끼는 미각, 후각, 촉각 등의 감각적 속성과 느낌 그리고 생각 등을 주로 알아차림 한다면 마음챙김 명상이 될 것이다.

　예컨대 밀감을 먹기명상의 대상으로 삼았다고 해보자. 만약 밀감을 보면서 느끼는 모양새, 색감 그리고 껍질을 제거하기 위해 손톱으로 껍질을 까면서 느끼는 독특한 촉감, 껍질을 제거할 때 배어 나오는 독특한 향기, 밀감 한 조각을 입안에 집어넣고 씹었을 때의 독특한 맛, 입속에서부터 목구멍으로 넘어갈 때의 감각적 느낌 등등을 알아차림 하는 것은 바로 전형적인 마음챙김 명상의 예가 된다.

이와는 달리 조용한 장소에 앉아서 밀감 하나를 들어 올리고 그것에 주의의 초점을 맞춘 채, 이것이 어떤 과정을 거쳐 바로 이곳에 오게 되었는가를 곰곰이 생각한다고 하자. 어떤 과정을 거쳐 묘목으로 만들어져 그것이 자라, 꽃이 피고, 열매가 맺히고, 결실이 되어, 어떤 농부의 손에 수확되어 이곳으로 오게 되었는가? 이곳에 오게 된 길고도 먼 인연에 초점을 두고 상상하게 된다면 그것이 바로 집중명상의 예가 될 것이다. 이는 9장 중 건포도먹기 명상을 통해 구체적으로 체험할 수 있다.

7. 선명상

우리나라에 가장 잘 알려져 있는 명상법이 바로 선(禪)명상이다. 이 명상은 우리나라뿐 아니라 전 세계적으로 가장 널리 알려진 명상법인데, 그 주된 이유는 이 명상이 불교의 스님들이 수행하는 전형적 명상 방법이기 때문이다.

명상에 관심이 없는 사람이라 하더라도 좌선이라는 말은 들어보았을 것이다. 좌선은 가만히 앉아서 하는 명상을 말한다. 이처럼 조용히 앉아서 이 순간에 충분히 알아차림 한다면 이것은 전형적인 마음챙김 명상이다. 왜냐하면 가만히 앉아서 과거에도 미래에도 마음을 두지 않고 오직 지금 이 순간에 일어나는 생각이나 느낌 또는 감각에 대해서만 마음을 챙기는 것이기 때문이다.

그런데 과연 명상을 처음 시작하는 사람들이 과거나 미래 쪽으로 마음이 쏠리지 않고 지금 이 순간에만 마음을 모을 수 있을까? 끊임 없이 급하게 바뀌는 소용돌이 속에 휩쓸려 살아가는 데 익숙한 우리 가 과연 이런 변화 속에 휩쓸려가지 않고 가만히 앉아 있을 수 있겠는 가? 사람은 대개 과거에 입었던 마음의 상처나 영광을 되새기면서 살 아가는 데 익숙해 있거나 앞으로 일어날 미래의 일들에 대한 기대감 과 걱정거리에 휩쓸려 살아가는 데 익숙해져 있다. 오늘날 사람들이 지금 현재에 마음 모아 살지 못하고 황급하게 앞만 보며 살고 있는 예 를 들어보자.

생일이 되어 이곳저곳에서 많은 선물꾸러미를 받아 기분 좋아하는 사람이 있다. 이 경우 많은 선물 가운데 하나를 먼저 집어들고 호기심 을 품고 '이 선물이 과연 무엇일까?' 하고 차근차근 뜯어본 후 그 선 물을 보내준 사람의 따뜻한 마음에 고마움을 느낀 다음, 다음 선물로 주의가 옮겨지는 것이 자연스러운 순서일 것이다.

그런데 과연 우리가 이런 순차적인 절차를 거치는가? 한 선물꾸러 미를 다 풀어헤치기도 전에 다른 선물꾸러미에도 관심이 쏠리지 않는 가? 하나의 꾸러미에서 취할 수 있는 기쁨을 미처 맛보기 전에 황급 하게 다음으로 달려가는 마음으로 어떻게 지금 이 순간의 쾌감을 맛 볼 수 있겠는가?

이처럼 우리는 지금 이 순간 내 손 안에서 전개되는 즐거움조차 외 면한 채 다음에 대한 생각으로 달려가는 어리석음을 저지르고 있다.

너무 바빠 조용히 머물러 앉아 있을 수 없다고 하는 사람들에게 지금 당신은 무엇을 생각하고 있는지 물어본다거나, 친구들과 분주하게 대화하고 있는 사람에게 지금 당신은 무엇을 이야기하고 있느냐고 한번 물어보라. 아마도 지금 자신이 말하고 있거나 생각하는 일에 온전하게 마음을 모으고 있다고 하는 사람은 찾기 어려울 것이다. 이처럼 건성으로 생각하고 행동하고 있는 것이 우리의 모습이다.

우리는 지나간 과거를 가지고 할 수 있는 것이 아무것도 없고, 미래는 아직 오지 않았다. 우리가 다룰 수 있는 것이란 오직 지금 이 순간뿐이다. 그럼에도 왜 우리는 지금 이 순간에 깨어 살지 못할까? 지금 이 순간에 깨어 살아가는 것을 학습하는 것이 바로 선명상의 핵심이다.

좌선을 하려면 가부좌나 반가부좌 자세를 취해서 시작해야 하는 줄 알고 있는 사람이 많다. 그러나 가부좌나 반가부좌 자세를 취할 수 있는 사람이라면 그런 자세로 시작하는 것이 좋겠지만, 그런 자세를 취하기가 쉽지 않은 사람들은 굳이 그런 어려운 자세를 취할 필요가 없다. 오직 자신이 편하게 취할 수 있는 자세, 예컨대 의자에 앉거나 양반다리 자세를 취해 좌선을 해도 무방하다. 엉덩이 뒷부분을 방석이나 쿠션 같은 것으로 약간 받쳐 올린 자세로 하면 더욱 하기 쉽다.

선명상의 핵심 포인트는 신체와 호흡과 마음이 하나이고 같은 것이란 것을 알아차림 하는 것이다. 이런 인식을 높이기 위해 몸을 이완하고 호흡에 주의의 초점을 두는 것으로부터 시작한다. 마음이 방황하지 못하도록 숨을 들이쉬고 토하는 것을 하나에서 열까지 천천히 세어나간다. 이렇게 숨쉬기를 헤아리는 것을 수식관(數息觀)이라 하는 데 여러 가지 변형된 방식을 취할 수도 있다.

예컨대 숨을 천천히 깊이 들이마시면서 마음속으로 "하~ 나~" 하고 셈하고, 다음 천천히 토하면서 길게 "두~ 우~ 울" 하고 셈한다. 아니면 숨을 들이쉴 때나 내쉴 때만 셀 수도 있고, 열부터 거꾸로 하나까지 세어 내려갈 수도 있다. 연습해보고 자기에게 맞는 방법을 택해보라.

중요한 것은 호흡을 셈하는 것을 놓치지 말아야 한다는 것이다. 마음이 혼란스러워 셈하는 것을 놓쳤다면 다시 처음으로 돌아가 하나부터 세기 시작하라. 흔히 숨을 세는 것과 같은 단순한 일을 할 때, 마음이 방황하기 쉬워 금방 세었던 숨이 몇 번째인지 잘 알아차리지 못할 때가 많다. 이럴 때는 자신의 마음이 방황하고 있다는 것을 알아차림하고 하나부터 숨쉬기를 다시 시작하라.

이렇게 호흡 관찰에 의해 마음이 안정되고 나면 다음 단계로 넘어간다. 이 단계에서는 단지 가만히 앉아 있기 위해 앉아 있는 수련을하는 것이다. 이때, 이 단계보다 한 단계 더 앞서 가는 단계로 나아가기 위해 애써서는 안 된다. 이 단계에서도 앞의 단계에서와 같이 호흡세기 수련(수식관)을 하는 것이 중요하고 유익하다.

이렇게 우리는 명상을 집중명상과 마음챙김 명상으로 나눈 후 여기에서 파생된 일곱 가지 명상 방법을 알아보았다. 그러면 이들 명상 방법 중 과연 어떤 유형의 명상 방법이 나에게 알맞을까? 어떤 명상을 나의 명상 방법으로 선택해야 할까?

이 물음에 대한 정확한 답은 내릴 수 없다. 그러나 이 일곱 가지 명상 방법 가운데 당신이 쉽게 실천할 수 있고 호기심이 가는 것을 한두 개만 골라 실천에 옮겨보라. 중요한 것은 어느 한 가지 명상에만 국한할 필요가 없다는 것이다. 또한 앞서 언급한 명상 실천 가이드라인은 단지 일반적인 참고 지침일 뿐, 이를 엄격하게 따를 필요도 없다. 그리고 오늘은 A 명상을 하고, 내일은 B 명상을 할 수도 있으며 심지어는 아침에는 A 명상, 저녁에는 B 명상을 해도 무방하다.

예컨대 오늘 아침에 호흡명상을 했다가 저녁에는 걷기명상이나 만트라 명상을 할 수도 있고, 내일은 좌선명상이나 몸살피기 명상을 할 수도 있다는 것이다. 어느 종류의 명상을 하거나 규칙적으로 꾸준히 실천하게 되면 신체적·정서적·심리적, 나아가 영성적 이점을 똑같이 얻을 수 있다.

7장
명상의 첫걸음 : 호흡명상

1.　　　　　나의 호흡 패턴 확인하기

우리의 생명은 호흡과 함께 시작해 호흡과 함께 마감한다. 그래서 "생명은 곧 호흡인데 만약 반밖에 호흡을 못하면 반밖에 살지 못한다."라는 말이 있다. 호흡하는 방법에는 여러 가지 패턴이 있다. 호흡에 주의의 초점을 두고 마음 챙겨 호흡하면 스트레스에 효과적으로 대처할수 있고 마음과 몸에 평화의 반응을 일으킬 수 있다. 자신의 호흡에대해 알아차림 하고 의식적으로 통제하면서 호흡하는 것이 이완반응을 일으키는 수많은 방법 가운데 가장 중요하다. 그래서 모든 종류의명상수련법이 공통적으로 호흡 수련을 기본으로 삼는다.

　대부분의 사람들은 숨을 들이쉬어 호흡할 때 아랫배가 안으로 들어가고 대신 가슴은 앞으로 나오게 한다. 이런 식의 호흡은 자연스러운호흡과 반대되는 것으로 해로운 결과를 초래하는 불량한 호흡이다.

이런 불량한 호흡, 다시 말해 숨을 들이쉴 때 아랫배가 안으로 들어가고 가슴은 위로 치솟도록 하는 호흡은 자연스러운 호흡이나 심호흡과는 정반대되는 불량한 호흡이다. 계속 이렇게 가슴으로 호흡하는 것이 습관이 되면 여러 가지 질병이 발생하기 쉽다.

자연에 사는 동물들의 호흡을 관찰해보면 흥미 있는 현상을 발견할 수 있다. 무서움을 느끼지 않는 사자, 호랑이, 표범과 같은 맹수들은 아랫배로 천천히 호흡하지만 먹잇감으로 쫓기는 동물인 영양, 사슴, 토끼, 쥐 등은 모두 얕고 빠른 가슴 호흡을 한다. 이런 동물들은 언제 어디서 맹수가 나타나 덮칠지 모르기 때문에 계속 불안하고 경계심이 높아 얕은 가슴 호흡, 즉 불규칙적이고도 빠른 가슴 호흡을 하는 것이다.

마음이 초조하거나 긴장될 때 신체는 얕은 가슴 호흡을 한다. 이러한 얕고 불규칙적인 호흡이 계속되면 규칙적이고 자연스러운 심호흡을 억제하게 되어 여러 가지 신체적 증후를 일으킨다. 자신의 호흡 패턴을 스스로 알아본다는 것은 스트레스에 대한 나 자신의 신체, 감정 또는 정신적 반응 패턴을 알아보는 일이므로 이는 스트레스에 의한 나쁜 영향을 알아차릴 수 있게 하는 일차적 단계가 된다.

자, 이제부터 자신의 호흡 패턴을 알아보자. 가만히 앉거나 서서 자신의 숨 쉬는 패턴을 한번 살펴보라. 들이쉬는 호흡(흡식)과 내쉬는 호흡(토식) 간에 균형이 이루어지고 있는가? 아니면 흡식이 토식보다 더 길거나 짧은가? 한 번 들이쉴 때마다 충분한 공기를 들이마신다고 느껴지는가? 아니면 부족하다고 느껴지는가? 숨을 쉴 때 주로 아랫배가 움직이는가, 가슴이 움직이는가? 가슴과 아랫배가 동시에 움직이는가? 그밖에 어떤 특징이 느껴지는가?

한번 숨 쉴 때마다 산소가 몸속으로 들어와 몸에 산소와 에너지를 제공해준다. 폐로 들어온 산소는 동맥으로 흐르는 혈류로 옮겨간 후 모든 신체 세포들로 골고루 전달되어 에너지가 된다. 한편 생명 활동의 부산물인 이산화탄소(탄산가스)는 정맥으로 흐르는 혈류를 따라 거꾸로 폐로 이동된 후 내쉬는 호흡을 통해 몸 밖으로 배출된다. 우리는 생명을 지탱하는 이 중요한 호흡 과정을 일반적으로 의식하지 못하고 살아간다. 물론 우리가 호흡을 주목하거나 주목하지 못하거나에 관계없이 호흡은 이루어지지만 만약 의식적으로 호흡을 알아차려 통제하게 되면 매우 유익한 생리적 현상이 일어날 수 있다.

호흡하는 데는 기본적으로 두 가지 방식이 있다. 첫째는 횡격막 호흡 또는 복부 호흡이라는 것이고, 두 번째는 가슴 호흡 또는 흉부 호흡이란 것이다. 일반적으로 우리의 호흡은 이 두 가지 방식이 서로 연합되어 있다. 그러나 가슴 호흡으로부터 횡격막 호흡 쪽으로 호흡 방식이 바뀌게 되면 마음과 몸 모두에 걸쳐 여러모로 도움이 된다. 두 가지 유형의 호흡을 다음 그림을 보고 서로 비교해보자.

다음 그림에서 보듯이 가슴 호흡은 얕은 호흡으로, 숨을 들이쉴(흡식) 때 가슴이 앞으로 나오고 어깨는 약간 위로 들려 올라가는 것이 특징이다. 스트레스를 받으면 이렇게 얕은 가슴 호흡을 하게 되고 호흡이 불규칙적이 되어 숨을 들이쉬고 내쉬는 것이 불완전해진다. 이

가슴(흉식) 호흡

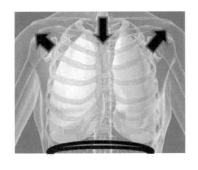
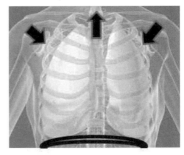

흡식

토식

횡격막(복식) 호흡

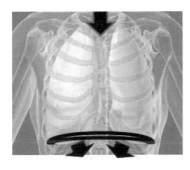
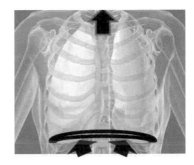

흡식

토식

런 가슴 호흡 때문에 답답함을 느끼고, 불편감이 생기고, 충분하게 공기를 들이마시지 못한다는 불안감을 느끼기도 한다. 가슴 호흡은 숨이 차 헐떡이는 증상을 보이기도 하고, 가슴이 조여오는 답답한 증상을 보이기도 한다. 대부분의 사람들은 평소에 이런 가슴 호흡을 무의식적으로 한다는 점을 알아야 한다.

횡격막이란 폐와 복부를 가르는 근육층으로 마치 반구형의 덮개막처럼 생긴 비교적 큰 근육이다. 숨을 들이쉬면 이 횡격막 근육은 수축하여 복부 쪽 아래 방향으로 내려가기 때문에 폐 속으로 많은 산소가 들어오게 된다. 숨을 내쉴 때는 횡격막이 이완되어 폐 쪽 위로 움직이기 때문에 이번에는 폐에 들어온 공기가 바깥으로 배출된다. 위 그림의 가슴 호흡에서 아래 그림의 횡격막 호흡으로 바뀌게 되면, 가슴 호흡에 따른 제한된 호흡 양상이 확장된 호흡 양상으로 바뀔 수 있게 된다. 횡격막 호흡으로 바뀌게 되면 몸속에 더 많은 양의 산소가 유입되고, 반대로 이산화탄소 배출이 늘어나 몸이 정화된다.

또한 횡격막 호흡으로 호흡 양상이 바뀌게 되면 스트레스와 관련된 신체적 증후를 일으키는 불안과 긴장 등을 통제할 수 있게 된다. 중요한 스트레스 통제 수단의 하나가 횡격막 호흡법이라는 최근의 과학적 발견은 "등잔 밑이 어둡다."라는 속담의 진리를 새삼 느끼게 한다. 예부터 동양 문화권에서는 횡격막 호흡을 단전호흡이라 불렀는데 단전이란 배꼽 아래 3cm 정도 되는 부위에서 몸 안쪽으로 3cm 되는 곳에 있다고 믿었다.

국선도 수련과 같은 우리나라의 전통적 마음수련에서는 단전호흡을 수련의 핵심으로 간주한다. 국선도에서는 단전호흡을 여러 자세나 동작에 맞춰 할 수 있도록 고도로 세밀하고 다양한 체계에 따라 호흡 수련을 한다. 수천 년 동안 마음과 몸의 수련법으로 중히 여겨온 단전

호흡의 가치를 오늘날의 생리학에서 과학적으로 인정하고 뒷받침하고 있는 논문들이 발표되고 있다. 앞 장에서 필자가 러시아 연해주를 여행하던 중 협심증으로 인해 심한 가슴 통증을 느꼈고 단전호흡으로 위기를 잘 극복한 경험을 소개한 바 있다. 여기서는 박○○ 씨의 호흡명상 사례를 소개한다.

박○○ 씨의 사례

박 씨는 36세의 중견회사 과장으로, 공황발작(panic attack) 때문에 센터에 왔다. 그는 횡격막 호흡(호흡명상) 수련으로 증세가 크게 호전되었다. 그의 경험담을 들어보자.

"공황발작이 시작되어 숨이 막혀 죽을 것 같은 느낌이 들 때마다 몸을 뒤로 젖히고 앉아서 아랫배로 호흡을 하였는데, 그러면 공황발작이 사라졌다. 119가 나를 긴급 구제하는 듯 느껴졌다. 횡격막 호흡이 나를 지속적으로 도와주기 위해 내 곁을 지키고 서 있는 수호천사처럼 느껴졌다. 횡격막 호흡은 내 병과도 직접 연결되는 것 같았다. 정말 가치 있는 호흡이다. 횡격막 호흡이야말로 모든 사람들이 함께 할 수 있는 좋은 수련이다. 나처럼 다른 사람들도 같은 효과를 체험했다고 말한다."

동양 문화권의 많은 명상수련가들은 마음과 몸의 균형을 이루기 위한 방법으로 단전호흡(횡격막 호흡)을 강조해왔다. 세계적으로 널리 알려진 베트남 출신의 시인이자 명상수련자인 틱낫한(Thich Nhat Hanh) 스님은 "마음과 몸의 균형을 이루고 마음챙김과 마음의 집중을 얻기 위해 호흡 수련을 학습하라."라고 강조하였다. 틱낫한 스님은 수많은 저서를 통해 앉아서도, 서서도, 걸어가면서도, 누워서도 할 수 있는 각종 호흡법을 소개하고 있다.

사람들은 새삼 새로운 방식으로 호흡을 시작하려고 하면 당황스러워한다. 지금까지 해오던 무의식적이고 습관적 호흡방식을 갑자기 새로운 방식으로 바꾸는 것이 낯설기 때문이다. 새로운 방식의 호흡을 가르쳐주면 환자들은 과연 "이렇게 숨 쉬는 것이 옳은지 확신할 수 없어요."라고 당황하기도 하고, 좌절하기도 한다.

이때 필자는 누구나 처음 배울 때는 낯설지만 금방 잘 따라 할 수 있다고 안심시킨다. 그러고 나서 천천히, 자연스럽게 인내심을 갖고 계속 실천한다면 누구나 쉽게 배울 수 있을 뿐만 아니라 두어 달 계속해서 깊게 율동적으로 호흡하게 되면 여러 가지 도움 되는 결과가 서서히 나타날 것이라고 설명해준다.

3.   아랫배 호흡 실습

자, 지금 편안한 자세로 등을 기대고 앉은 채 당신의 호흡 패턴을 관찰해보라. 그리고 눈을 지그시 감고 한 손을 배꼽 바로 아래 부위에 살며시 올려놓아라. 숨을 쉴 때마다 횡격막이 움직이기 때문에 숨을 들이마실 때는 손이 위로 올라갈 것이며 숨을 내쉴 때에는 손이 아래로 내려갈 것이다. 호흡을 계속하면서 손이 위로 올라갔다가 아래로 내려가는 것에만 주의의 초점을 두어라. 5~10분 정도 연습해 보라.

이번에는 가만히 누워서 가벼운 책 한 권을 아랫배 위에 올려놓고 천천히 깊이 들이마시고 내쉬는 호흡을 해보라. 호흡과 함께 아랫배 위에 놓인 책이 위아래로 움직이지 않는가? 주의해서 살펴보라. 5분에서 10분 정도 해보라.

바로 이렇게 호흡하는 것을 횡격막 호흡이라고 하고 다른 말로는 아랫배 호흡, 단전호흡 또는 심호흡이라 부른다. 이 횡격막 호흡은 잠자기 전에 실시하거나 새벽에 일어나 한다. 이때는 밤낮의 주기가 바뀌는 시점으로 대사활동, 신경전달물질, 내분비호르몬 등 물질들의 자연스러운 교체가 이루어지는 시간이기 때문에 매우 효과적이다. 그러므로 잠들기 쉽고 또 숙면에 들기도 하고, 일어날 때는 쉽게 머리가 맑아지고 활기에 차게 된다. 익숙해지면 앉거나 서거나 걷거나 하루 중 언제 어느 때라도 할 수 있다.

호흡 수련에 익숙해지지 않으면 다른 종류의 명상으로 진행하기가 쉽지 않다. 명상 초보자는 두말할 필요 없고 익숙한 사람도 호흡 수련을 중요하게 생각해야 한다.

과연 횡격막 호흡이 건강에 도움이 될까 의심할 수도 있겠지만 분노, 공포 혹은 슬픔과 같은 상황을 경험하고 있을 때 일어나는 심리적 현상을 관찰해보면 쉽게 이해할 수 있다. 예컨대 심하게 놀라면 숨을 헐떡거린다거나 쥐죽은 듯 숨을 멈추고 있는 경우가 있다. 이처럼 불안하거나 초조한 상황은 횡격막 호흡을 방해하고, 얕은 호흡을 불러온다. 이런 상태에서 의식적으로 횡격막 호흡 쪽으로 주의를 옮겨가게 되면 정서 반응의 강도를 낮출 수 있고 보다 현명하고 능률적으로 상황에 대처할 수 있게 된다.

"화내기 전에 열 번만 심호흡(횡격막 호흡)을 하라."라는 오래된 격언이 있다. 실제로 이 격언대로 화를 내기 전에 열 번만 심호흡을 하고 나면 화가 진정되는 것을 느낄 수 있을 것이다. 이처럼 횡격막 호흡은 분노, 불안, 공포, 슬픔과 같은 강력한 정서 반응의 독성을 해독하는 데 탁월한 효과가 있다.

또 한 가지 중요한 것은 호흡의 알아차림과 통증 관리 사이에는 매우 중요한 관계가 있다는 것이다. 예컨대 산모가 출산을 할 때 산모에게 여러 가지 호흡 기법을 사용하도록 권장하는데 이때 적용되는 호흡법은 자연분만을 유도하기 위한 중요 기법으로 간주되고 있다. 이와 같이 호흡의 알아차림과 조절이 근육통, 요통, 견비통, 두통, 생리통 등 여러 종류의 만성 통증 관리에도 효과적인 방법으로 활용되고 있다. 통증을 더욱 악화시키는 정서 반응, 긴장, 공포를 호흡 수련을 통하여 분리시킴으로써 통각을 낮출 수 있게끔 학습할 수 있다. 즉, 자신의 호흡에 주의의 초점을 맞춰나감으로써 통증에 대한 감각이 바뀌기 시작하고 주의의 초점이 호흡으로 옮겨가면 결국에는 통증은 뒷전으로 물러나게 된다.

횡격막으로 호흡할 때 느끼는 미묘한 느낌을 경험하고 또 이 호흡을 통해 얻을 수 있는 이점을 얻기까지는 오랜 시간이 걸리지 않는다. 인내심을 갖고 계속하면 머지않아 소망하는 바를 이룰 수 있다. 다양한 심신의학 프로그램의 효과 평가에서 환자들에게 어떤 프로그램의 내용이 가장 좋았는지 질문해보면 공통적으로 '자신의 호흡을 알아차림 하는 호흡법'이 가장 좋았다고 답한다. 그러므로 호흡 훈련은 심신 질병의 치유 과정에 없어서는 안 될 핵심 방법이다.

호흡하는 동안 하복부의 상승과 하강을 알아차림 하는 방법 외에 숨이 드나드는 콧구멍 주변이나 기도 주변의 감각에 주의의 초점을 두는 호흡 방법도 있다. 세심하게 관찰하면 숨을 들이쉴 때는 공기가 약간 차게 느껴지고 내쉴 때는 약간 따뜻하게 느껴지는 것을 알아차림 하는 것이다. 호흡이 점차 조용해지고 규칙적으로 변하면서 들이쉬는 숨이 끝나고 내쉬는 숨이 시작되는 사이의 잠깐 동안 호흡이 멈추어서는 때가 있음을 알아차림 할 수 있다. 이번에는 반대로 내쉬는 숨이 끝나고 들이쉬는 숨이 시작되는 사이에도 잠깐 동안 멈추는 때가 있음을 알아차림 할 수 있는데, 이런 짧은 시간의 호흡 멈춤에 주의를 집중하는 것도 큰 도움이 된다. 멈추는 동안의 알아차림이 바로 현재 이 순간의 고요한 적정감에 들게 해주기 때문이다.

4.　　들숨·날숨 헤아리기 실습 : 수식관

이번에는 마음을 한 곳에 집중시키는 호흡법으로 수식관(數息觀)이란 호흡명상을 연습해보자. 수식관이란 자신의 호흡을 헤아리는 것을 관찰한다는 뜻이다. 수식관은 호흡명상의 가장 기본이 되는 것으로 산란한 마음을 호흡에 집중함으로써 이완감을 키우는 데 큰 도움이 되는 호흡명상법이다. 수식관은 언제 어디서나 쉽게 할 수 있는 쉬운 명상법이다. 다음과 같은 순서로 하면 된다.

수식관 명상 안내문

음성 명상유도문

먼저 의자나 바닥에 편안한 자세로 앉습니다.
눈을 살며시 감고 몇 번 깊게 천천히 횡격막 호흡을 합니다.

횡격막 호흡을 계속해가면서 이번에는 숨을 내쉴 때마다 수를 세기 시작합니다.
처음 내쉬는 숨을 '열'로 세기 시작해서 다음 번 내쉬는 숨은 '아홉', 그다음은 '여덟'…

이렇게 내쉬는 숨을 거꾸로 세어나가 '하나'가 될 때까지 계속합니다.

숨을 내쉴 때 숫자를 셈하는 것과 동시에 머리에서 발가락까지 온몸의 긴장을 몸 밖으로 내려놓는다고 상상합니다.

더 깊어져가는 이완감을 만끽하세요.

같은 방식으로 다시 내쉬는 숨을 '열'부터 시작하여 '아홉', '여덟'… '하나'까지 반복합니다.

15~20분 동안 같은 동작으로 토하는 숨을 세어나갑니다.

이번에는 내쉬는 숨을 '하나'부터 시작해서 '백'까지 쉬지 않고 세어나가는 연습을 합니다.

셈하는 숫자를 놓쳤을 때는 다시 처음부터 셈합니다.

5초 정도 들이쉬고 5초 정도 내쉬면서 백까지 계속해나갑니다.

5.　　　　　일상생활 속의 심호흡

심호흡이 자연스러워질수록 일상생활의 각종 활동과 심호흡을 결합시켜나갈 수 있다. 예를 들면 아래 열거한 여러 가지 일상의 활동에 바로 뛰어들지 말고 적어도 서너 번 정도 심호흡을 먼저 한 후에 마음이 안정되면 활동을 시작한다.

▶ 전화벨이 울렸을 때

바로 전화를 받지 말고, 심호흡을 하고 천천히 전화를 받는다.

▶ 외출하려고 할 때

심호흡을 서너 번 하고 마음이 가라앉으면 챙길 것을 다 챙겼는지 다시 한 번 살펴보고 외출한다.

▶ 멈춤 신호에 걸려 대기하고 있을 때

차를 몰고 있거나 횡단보도를 건너려고 할 때 몇 차례 심호흡을 한다.

▶ 식사를 하기 전

서너 번 심호흡을 하여 마음이 안정된 후 식사를 시작한다.

▶ 새로운 과업을 시작하기 전

서너 번 심호흡하고, 새로운 일의 목적과 줄거리를 살펴본다.

여러 차례 심호흡하여 마음이 안정되면 그날 경험한 많은 일 가운데 좋은 일만을 생각한다.

▶ 잠자리에서 일어났을 때

바로 일어나지 말고, 쾌적하고 아늑한 잠자리에서 몇 번의 심호흡을 한다.

▶ 그 외 많은 일상 활동들

생각 없이 기계적으로 활동에 뛰어들지 말고 심호흡을 몇 번 하고 상황을 살피고 난 후 행동한다.

 비록 호흡명상이 단순한 기법 같아 보이지만 이 기법은 몸의 긴장을 알아차리는 데 매우 유용하고 또 이런 호흡명상을 계속하게 되면 몸의 긴장을 내려놓는 데 큰 도움이 된다. 그뿐만 아니라 지치고 번잡한 일상생활 중에 잠깐 동안 자신의 호흡을 알아차리고 호흡 쪽으로 의식의 초점을 가져오면 주의집중 능력이 살아나고, 현재 이 순간에 깨어 있어 활력감을 느끼게 된다. 따라서 호흡 쪽으로 의식을 되돌리는 것은 몸과 마음을 안정시키고 활력을 주는 양약이 된다.

 17세기 인도의 명상가 카리바 에켄(Kariba Ekken)은 이렇게 말했다.

 "영혼을 편안하게 하려면 먼저 호흡을 조절하라. 호흡이 잘 조절되면 마음이 평화로워지기 때문이다. 호흡이 거칠어지면 곧 문제가 생긴다. 그러므로 어떤 일을 시도하기 전에 먼저 호흡부터 조절하라. 그러면 마음이 침착해지고 영혼이 평안해질 것이다."

나○○ 씨의 사례

나 씨는 40세의 그래픽 디자이너다. 그녀는 당뇨병 때문에 심혈관센터로 내원하였다가, 그곳에서 당뇨병 징후를 더 잘 조절하고 삶의 균형을 잘 유지할 수 있는 방법을 배우기 위해 심신클리닉을 추천받아 온 환자다. 나 씨는 심신클리닉에서 호흡명상을 수련하면서 다음과 같은 변화를 체험했다고 말한다.

"호흡명상을 통해 마음과 몸이 이완되면서 나 자신을 보다 잘 통제할 수 있게 되었다. 나는 특히 횡격막 호흡과 같은 심호흡을 열심히 했는데, 이 호흡은 마음을 안정시키는 데 큰 도움을 주었다. 마음이 침착해지면서 앞으로 일어날 일에 대해 어느 정도의 전망이 가능하게 되었다. 과거보다 좋은 느낌을 더 많이 가지게 되었고 자신에 대해 보다 강해진다는 느낌을 가지게 되었는데, 이런 강한 힘이 앞으로 닥칠 난관을 돌파하는 데 도움이 된다는 것을 알게 되었다. 한때 그저 나약하기만 했던 내가 이제는 '할 수 있는 나'가 되었고, '긍정적으로 생각하는 나'가 되니 더욱 행복해졌다."

민○○ 씨와 류○○ 씨의 사례

민○○ 씨는 심한 공황발작으로 일을 할 수 없게 된 40대 남자였다. 몇 년 사이 막연한 불안 끝에 공황발작을 일으켜 몇 번이나 응급실로 실려 갔다. 그는 심장에 심각한 문제가 있어서 심장발작이 일어난다면 곧 죽을 것이라고 믿고 있었다. 민 씨는 심신클리닉에서 호흡에 의식의 초점을 맞추는 방법, 다시 말해 심호흡법으로 이완반응을 일으키는 과정을 학습했다. 1년 후 그는 다음과 같이 말했다.

"나에게 일어난 모든 일은 너무나 놀라웠다. 1년 전 나는 불안이 심해 아무 일도 제대로 할 수 없었다. 당시 나는 가슴이 두근거리는 증세(심계항진), 현기증, 발한 등 각종 심신증상을 동반하는 심각한 공황발작을 보였다. 문자 그대로 엉망진창인 상태였다. 심호흡을 배우고 나서부터 매달 조금씩 나아졌다. 지금은 증세가 90% 이상 개선되었다. 이제 현기증과 혼미감은 완전히 사라졌으며 지난 4~5개월 동안은 약을 먹지 않아도 될 정도로 상태가 좋아졌다."

지금 민 씨는 자신의 호흡 패턴을 의식적으로 알아차림 할 정도이고 하루에 한두 번씩 호흡명상도 한다. 그는 불안이 엄습해올 때는 언제나 하던 일을 멈추고 심호흡 연습에 들어간다고 한다. 그리고 마음이 편안해지면 불안을 일으킨 원인을 살펴보고 적절한 반응을 선택한다고 한다.

이번에는 류○○ 씨의 경험이다. 류 씨는 자영업자였는데 식도 경련 때문에 고통받던 환자다. 그는 지난 6년 동안 가슴 통증과 심계항진 때문에 고통이 심했고 심리적으로도 안절부절못했다. 가슴 통증 때문에 입원하여 심장약과 제산제를 함께 복용했다고 한다.

처음 심호흡을 배웠을 때는 과연 호흡이 심장병과 식도경련에 도움이 될지 의심했지만 심호흡을 계속해나가면서 이 호흡이 자신의 징후를 개선하는 데 도움이 된다는 것을 확신할 수있었다. 그는 건강에 관한 불안감과 불규칙적이고 얕은 호흡패턴 때문에 자신의 신체 상태가 점차 굳어가고 있다는 것을 알게 되었다. 그래서 천천히 몸을 푸는 운동과 굳어진 근육을 푸는 데 도움이 되는 하타요가와 스트레칭을 규칙적으로 실천하였다. 담당의사는 그의 심신 상태가 좋아지는 것을 확인하고는 심장약과 제산제 복용량을 서서히 줄여갔다. 8주간의 프로그램이 끝난 후 평가에서 그는 심신건강 프로그램의 여러 부분 중 가장 유용한 점이 바로 "적절한 호흡법과 그에 따른 이완임을 알게 된 것"이라고 했다.

다음에는 전형적인 호흡명상을 통증 치유에 응용하는 호흡명상과 우주와 내가 하나로 연결되어 있다는 것을 느끼게 하는 호흡명상의 예를 실습해보자. 이 명상법은 하버드 의대 심신의학연구소의 공동소장이었던 조앤 보리센코 박사가 추천하는 호흡명상법이다.

통증 치유를 위한 호흡명상

잠깐 몸을 뻗어 긴장을 풀고 온몸을 두루 살펴보십시오.

눈을 감고 심호흡을 몇 번 되풀이하십시오.

몸에 다시 주의를 기울여보십시오.

편안한 신체 부위도 있고 긴장이나 통증을 느끼는 불편한 부위도 있을 것입니다.

긴장과 통증이 느껴지는 불편한 신체 부위에 주의를 모으고 불편한 그 신체 부위를 중심으로 호흡이 들어오고 나간다고 상상해보세요.

불편한 부위에서 느껴지는 감각에 주의하면서 그 부위를 통해 숨이 들어가고 나간다고 계속 생각하십시오.

세심한 주의를 기울이면서 조금씩 달리 느껴지는 감각의 차이를 느껴보십시오.

그 부위를 통한 에너지의 흐름을 간파하십시오.

아무런 판단 없이 호흡하면서 느껴지는 감각만을 그 부위에서 지켜보세요.

느껴지는 감각들을 '좋다' 또는 '나쁘다'라고 판단하지 말고 느껴지는 대로 그냥 바라보기만 하십시오.

고통이 더 심해지기도 하고 약해지기도 하고 사라지기도 할 겁니다.

고통이 심해지면 심해졌구나 하고 바라보고,

고통이 약해졌으면 약해졌구나 하고 바라보고,

고통이 없어졌으면 없어졌구나 하고 바라보세요.

고통을 억지로 통제하려고 하지 마십시오.

나타났다가 변해가다가 사라져가는 것을 바라보세요.

4~5분간 계속합니다.

우주와 나를 하나로 연결하는 호흡명상

바닥에 다리를 포개고 등은 똑바로 세운 채 앉아서 긴장을 빼고 이완합니다.

잠깐 동안 몸을 뻗어 긴장을 풀고 편안함을 느끼도록 합니다.

그리고 조용히 눈을 감습니다.

크게 한두 번 숨을 내쉽니다.

그리고 아랫배에 의식을 집중한 채 숨을 들이쉴 때 아랫배가 가득 차게 부풀어 오름을 느끼고,

숨을 내쉴 때는 아랫배가 홀쭉하게 들어가는 것을 느끼세요.

이완감 속에서 몸과 내가 함께 존재하는 것을 계속 느껴봅니다.

충분하게 이완되었으면 이번에는 하늘과 땅 그리고 나를 서로 연결하는 호흡을 해봅니다.

하늘과 땅으로부터 온 우주의 에너지가 나의 심장 부위에서 서로 만나는 모습을 상상해보세요.

하늘에 있는 에너지를 호흡하는 데서 시작합니다.

정수리 위 공중에 있는 무한한 하늘의 에너지를 상상해보세요.

호흡을 들이마실 때 정수리를 통해 하늘의 에너지가 나의 심장까지 쏟아져 들어온다고 상상합니다.

호흡을 내쉴 때는 내 심장으로부터 정수리를 통해 하늘 끝까지 에너지가 퍼져나간다고 상상합니다.

몇 번 하늘 에너지를 들이키고 내쉬는 호흡을 반복합니다.

이번에는 땅의 에너지를 호흡해봅니다.

당신 발밑에 있는 지구의 에너지를 상상해보세요.
호흡을 들이마실 때 지구의 에너지가 발바닥으로 들어와 심장까지 이른다고 생각하십시오.
숨을 내쉴 때는 심장으로부터 발바닥을 통해 지구 끝까지 에너지가 퍼져나간다고 생각합니다.
몇 번 지구 에너지 호흡을 반복하세요.

이번에는 하늘과 땅을 서로 연결하는 호흡을 해봅니다.
숨을 깊이 들이마실 때 하늘 에너지와 지구 에너지가 동시에 몸속으로 들어와 심장에서 서로 만난다고 상상하세요.
숨을 내쉴 때는 하늘과 지구 속으로 되돌아간다고 상상합니다.
편안함을 느낄 때까지 이 호흡을 되풀이합니다.

마음과 몸이 편안해졌다면 이제 눈을 뜨고 대자연을 바라보십시오.
자연스럽게 호흡을 계속하면서 하늘과 땅을 살펴봅니다.
우주와 내가 하나로 연결된 모습이 보이지 않습니까?
지극히 평화로워진 존재를 느끼면서 이 우주와 내가 하나가 되었음을 축하하십시오.
10～15분 계속합니다.

소원기원 명상 안내문

음성 명상유도문

평소의 소망을 호흡에 싣는 명상수련입니다. 이 호흡은 앉아서도, 누워서도, 걸어가면서도 할 수 있는 것입니다. 단정하게 앉아서 하는 것이 좋습니다. 한 번에 20분 정도, 하루에 2차례 하면 놀라운 효과가 있습니다. 특히 마음이 산란하거나 불안할 때 이 소망을 실은 호흡명상을 하면 큰 도움을 받을 수 있을 것입니다.

8장
집중명상 : 만트라 명상

1.　　　　　이완반응 일으키기

이 장에서는 마음과 몸의 평화를 야기하게 하는 집중명상인 만트라 명상을 살펴볼 것이다. 우선 몸과 마음의 평화, 다시 말해 이완반응을 일으키기 위해서는 다음과 같은 두 가지 요소가 필요하다.

　첫째는 집중을 일으키기 위해 특정한 초점 대상이 있어야 한다. 예컨대 선불교에서 특정한 화두에 몰두한다든지, 기공수련에서 자신의 호흡(단전호흡) 현상을 집중 관찰하는 것이라든지, 만트라(mantra) 또는 진언(특정한 단어나 구절, 기도문, 소리)을 반복적으로 되풀이하여 읊조리는 경우라든지, 단순한 특정 근육활동(108배, 조깅, 수영, 실내자전거 타기 등)을 되풀이하는 것을 관찰함으로써 자신의 마음을 한 가지 초점에만 맞춤으로써 일상적인 생각이나 걱정거리 쪽으로 주의를 빼앗기지 않도록 하는 것이다.

두 번째는 생각을 산란하게 하는 것에 대해 반응하지 않고 알아차림만 하는 태도를 갖는 것이다. 이것은 주의의 초점 대상에 대해 집중하려고 애쓰는 것이 아니라, 자신의 주의가 초점에서 벗어나 잡념이나 공상 속에 빠져들고 있다는 것을 알아차림 한 후 초점 대상 쪽으로 수동적으로 되돌아가는 것을 말한다.

이완반응을 일으키기 위해서는 아래 언급하고 있는 여덟 가지 요건을 잘 갖추어야 한다.

1. 주의의 초점이 될 대상을 정한다.

즉 단어, 구절 또는 기도문 등의 만트라를 선택해야 한다.

주의집중의 선택 대상으로는 자신의 신념 체계(종교적 믿음 체계나 철학 체계)에 부합하는 단어나 구절을 선택하는 것이 이상적이다. 예컨대 가톨릭 신자라면 "은총이 가득하신 마리아님", 개신교 신자라면 "여호와는 나의 목자이시니", 유대교 신자라면 "샬롬", 무슬림이라면 "알라" 등을 선택할 수 있을 것이고, 불교 신자라면 "관세음보살"과 같은 것을 선택할 수 있을 것이다. 어떤 종교도 갖지 않은 사람은 "하나", "사랑" 혹은 "평화"와 같은 단어를 선택할 수 있고, 아랫배나 콧구멍과 같은 호흡과 관련된 특정 신체 부위 운동이나 감각에 초점을 둘 수도 있다.

2. 편안한 자세를 취해 조용히 앉는다.

이완반응을 일으키기 위해 가부좌나 반가부좌와 같이 어려운 자세를 무리하게 취할 필요는 없다. 대신 생각을 방해하지 않을 정도로 편안한 자세를 취해 앉도록 권한다. 방석 위에 앉아서 할 수도 있고, 의자에 걸터앉아서 할 수도 있다. 등을 수직으로 바로 세우고 하는 것이 이상적이다. 지나치게 편안한 소파에 기대앉으면 졸음이 오기 쉽다. 버스나 전철 등을 타고 가는 동안 할 수도 있지만 방해받지 않는 조용한 곳이 기왕이면 좋다.

3. 눈을 감는다.

실눈을 뜨거나 자연스럽게 눈을 감는다. 눈을 감는 데 힘을 들여서는 안 된다. 눈을 감는 것은 외부의 시각적 자극에 방해받지 않기 위해서다. 부드러운 안대 같은 것으로 눈을 가리면 더 안정감을 느낄 수도 있을 것이다.

4. 근육을 이완한다.

발가락부터 시작하여 발, 종아리, 무릎, 허벅지를 거쳐 복부 쪽으로 올라오면서 온몸 근육의 긴장을 이완한다. 복부를 지나 가슴, 어깨, 팔, 목, 머리 부위로 올라가면서 근육의 긴장을 이완한다. 어깨를 부드럽게 좌우로 돌리고, 상하로 오르내리면서 힘을 뺀다. 두 팔을 들어 올렸다가 아래로 힘없이 내려놓는 동작을 몇 번 반복한 뒤 자연스럽게 무릎 위에 손을 올려놓는다.

5. 천천히 그리고 자연스럽게 호흡한다.

토하는 호흡을 할 때, 선택한 단어나 구절을 반복하여 읊조린다.

천천히 자연스럽게 규칙적으로 숨을 쉰다. 몇 초를 들이쉬고 몇 초를 토한다는 식의 강제성을 띠지 않고 자연스럽게 한다. 숨을 내쉴 때마다 앞에서 선택한 단어나 구절(만트라)을 되풀이하여 읊조린다. 예를 들어 선택한 단어나 구절이 "관세음보살"이라면 천천히 숨을 들이쉬었다가 내쉬면서, 내쉬는 호흡과 함께 마음속으로 "관…세…음…보…살…" 하고 읊조린다. 이것보다 더 긴 구절, 예컨대 "여호와는 나의 목자이시니"를 선택한 경우라면 내뱉는 호흡과 함께 마음속으로 이 구절을 읊조린다. 단어나 구절의 선택은 한 번 내뱉는 호흡 동안 읊조릴 수 있을 정도의 짧은 길이로 정하는 것이 좋다.

6. 반응하지 않고 알아차리는 자세를 유지한다.

고요히 앉아서 자신이 선택한 구절이나 단어를 반복하면 잡념이나 공상이 일어나는 것은 피할 수 없는 일이다. 이런 잡념이 일어나는 것은 누구에게나 일어나는 극히 자연스러운 일이기 때문에 염려할 바가 못 된다. 잡념이 일어났다고 해서 이완반응이 일어나지 않는 것은 아니다. 잡념이 일어나면 '잡념이 일어나도 괜찮아.'라고 스스로에게 말하고 단어나 구절을 반복하는 것으로 되돌아오면 된다. 다시 말해 잡념을 없애려고 적극적으로 애쓰는 태도를 취하지 말고, 조용히 구절의 읊조림으로 되돌아오는 수동적 태도를 취해야 한다. 이렇게 선택한 단어나 구절로 돌아오면 잡념이 엄습해온다 하더라도 이완반응의 효과가 일어난다.

명상을 하다 보면 과연 내가 이완을 제대로 하고 있는지 혹은 이완 효과가 실제로 일어나고 있는지 또는 언제쯤이면 이완 효과가 극에 달할 수 있을는지 등 별별 잡념이 계속 꼬리를 물고 일어난다. 그러나 이러한 잡념들이 일어나더라도 잡념 속으로 빨려 들어가지 말고 오직 '잡념이 생겼구나.' 하고 알아차림 한 후 조용히 단어나 구절의 암송으로 되돌아가기만 하면 된다.

이완반응을 야기하는 명상 훈련은 마치 매일 아침 세수하고 식사 후 이를 닦는 것처럼 자연스러운 일과의 하나가 되도록 해야 한다. 식후 때마다 칫솔질을 하면서 '내가 하는 이 칫솔질은 충치 예방과 구취 제거라는 목적을 위해서'라고 의식하는 사람은 별로 없을 것이다. 별다른 생각 없이 식후마다 양치질을 하다 보면 기분도 좋아지고 충치 예방 효과도 있는 것처럼 이완반응의 효과도 매일매일의 일과로 삼아 되풀이하다 보면 효과가 자연스럽게 일어난다.

7. 한 번에 20분 정도 한다.

이완반응 명상은 매일 단 몇 분만 해도 효과가 있다고 알려져 있다. 1~2분 동안 잠깐 하는 경우도 효과가 있지만 정기적으로 하는 경우 한 번에 20분 정도가 가장 좋다고 한다. 20분 이상 하면 지루함을 느끼고 졸린 경우도 있다. 연구에 의하면 20분 정도의 명상에 6시간 정도의 수면과 맞먹을 수 있는 정도의 이완 효과가 있다는 연구도 있다.

8. 하루 두 번 정도 실천한다.

이완반응 명상은 하루 두 번씩 하면 좋다. 보통 새벽이나 잠자기 전에 하는 것이 좋다. 새벽에 하는 것이 가장 좋은데 그 이유는 이때가 수면 동안 작용했던 내분비 호르몬이 각성 시의 내분비 호르몬으로 교체되는 시기이기 때문이다. 수면 전에 하면 좋은 이유는 낮 동안 작용했던 내분비 활동을 수면 중의 내분비 활동 양상으로 교체해주기 때문이다. 식사 직후에는 하지 않는 것이 좋고, 식사 2시간 이후에 하는 것이 소화에 도움이 된다. 금식 또는 단식 중에 명상을 하는 전통이 수천 년 동안 이어져왔다는 사실은 흥미롭다. 아마 이때 명상을 하면 좋다는 것을 경험적으로 알았기 때문일 것이다.

2.   명상 동안 일어나는 잡념 다루기

이완반응을 일으키는 중요한 명상 방법이 바로 집중명상이다. 집중명상이란 하나의 특정 대상이나 어떤 특정한 일에 마음을 집중하는 마음수련 과정이다. 이완반응을 일으키기 위해 집중명상을 할 때는 주의를 앞에서 언급한 호흡이나 특정 단어나 구절과 같은 만트라에 집중한다.

이렇게 집중하면 마음과 몸이 안정되기 시작하여 생리적·심리적으로 이완된다. 모두가 잘 알고 있는 것처럼 우리의 마음은 심하게 요동치기 때문에 어느 한 곳에 초점을 잡고 머물러 있기가 힘들다. 마음이 한 곳에 머물지 못하고 계속해서 흔들리는 것을 두고 번뇌, 망상, 공상이라고 한다. 이런 마음의 동요가 바로 괴로움의 원인인 것이다. 따라서 마음의 동요상태를 안정상태로 바꾸는 집중명상이 마음 수행의 기본이다.

이제부터 집중명상에 들어가는 실습을 해보자. 우선 똑바로 자리 잡고 앉아 온몸에 긴장을 내려놓고 두 손을 무릎 위에 편안하게 내려놓는다. 1~2분 동안 눈을 감고 마음속에 어떤 일이 일어나고 있는지 한번 살펴본다. 당신의 마음이 지금 어디에 가 있는가? 과거로 갔다가 미래를 향해 달려가지 않는가? 어떤 종류의 생각이 마음속에 떠돌아다니는가? 불안과 긴장을 일으키게 하는 '골치 아픈 어떤 생각'이 떠오르지 않는가? 아니면 이번에는 편안하고 이완을 일으키는 '그 어떤 유쾌한 생각'이 떠오르지 않는가?

이처럼 명상을 하고 있을 때 당신의 마음은 대단히 번거롭게 동요하고 활동적이라는 것을 알 수 있게 될 것이다. 그러나 이런 복잡한 생각에 대해 일일이 관심을 갖고 반응하지 않도록 하기 위한 몇 가지 특별한 방법이 있다. 먼저 당신의 마음, 즉 생각, 느낌 또는 감각이 불현듯이 떠올랐다가 금방 사라지는 것을 관찰하는 '내 마음의 관찰자' 혹은 '내 마음의 목격자'란 입장이 되어보자.

주의가 외부의 자극으로 인해 방해받아 흔들린다는 것을 알게 되었을 때(목격했을 때)는 초점으로 삼았던 심호흡이나 만트라 쪽으로 되돌아가라. 또한 명상을 하는 동안 어떤 일이 일어나든지 거부하거나 억

압하지 말고 있는 그대로 받아들이는 수용적 태도를 기르자. 또는 어떤 특정한 생각 하나를 선정하여 그 생각에만 마음을 모아가도록 한다. 이렇게 하면 자기 생각의 발상, 변천 그리고 소멸과 같은 마음의 전개 과정을 스스로 살펴볼 수 있게 될 것이다. 즉, 어떤 생각이 불현듯 머리에 스쳐 올라왔다가, 변화되어가다가, 소멸해버리는 과정을 되풀이하고 있다는 것을 살펴보라.

이처럼 끝없이 이어지는 온갖 종류의 생각들이 우리의 마음이다. 좋은 생각, 나쁜 생각, 욕심, 미움, 옳다는 생각, 틀렸다는 생각… 끝없이 이어지는 이런 생각의 연쇄가 곧 우리들의 괴로움이다. 이러한 생각에 빠져 들어가 시비하고 분별하는 것이 바로 고통을 되풀이하는 것이다. 마음의 흔들림을 느낄 때마다 하나의 특정 대상에 마음을 안착시켜놓으면 괴로움은 저절로 사라질 수밖에 없다.

우리는 영화 속의 공포, 분노 또는 슬픔과 같은 극렬한 정서적 장면에 대한 느낌이 지나치게 강렬해 마치 그러한 사건이 실제로 일어난 것처럼 흥분할 때가 있다. 그러나 그러한 장면은 스크린 위에 투영되어 나타난 영상에 불과하다. 그래서 '이것은 단지 영화일 뿐이야. 심호흡 몇 번 하고 환상에서 깨어나야지.' 하고 스스로에게 말하곤 한다.

명상수련을 하면 마음을 애타게 하는 생각이 한낱 환상에 불과하다는 것을 스스로 관찰하여 알 수 있고, 또 어떤 것이 현실이며 어떤 것이 단순한 상상에 불과한지를 구별할 수 있다. 이처럼 자동적으로 작동하는 부정적 생각의 악순환 고리를 끊어버리는 방법의 하나로 스스로에게 '그런 생각은 상상이니 이제 그만.'이라고 한 후, 몇 번 심호흡을 한다. 그런 후 성가시게 하는 생각에 대해 '그것은 단지 상상일 뿐이야.'라고 힘주어 말하면 그 상상을 쉽게 내려놓을 수 있다.

이처럼 성가시게 하거나 괴롭히는 생각에 시달리고 있다는 것을 알아차리는 순간, 그 생각을 '단순한 걱정거리일 뿐, 걱정거리일 뿐'이라고 명명하고 의식을 호흡으로 되돌린다. 이처럼 간단하지만 효과적인 방법을 사용하면 마음의 동요에서 벗어나 안정을 되찾을 수 있다.

자신의 마음을 판단하지 않고 있는 그대로 관찰하면 부정적인 사고나 감정의 악순환 고리를 깨뜨리는 데 큰 도움이 된다. 이렇게 자기 마음의 움직임을 스스로 목격(관찰)하는 것은 골치 아픈 생각을 내려놓는 능력을 키우는 효과적인 방법이다.

M씨의 사례

M씨는 디자이너로, 유방암 치료 때문에 명상에 참여한 50대 여성이다. 그녀는 명상을 통해 마음이 동요하는 것이 바로 괴로움임을 알게 되었다. 그녀는 다음과 같이 말했다.

"내가 나의 마음 전개 과정을 알아차리는 목격자가 된다는 것은 정말 가치 있고 의미 있는 일 같다. 암환자라서 비록 신체에 이상이 있었지만 불교신자로서 나 자신 속에 영원히 불변하는 본성을 갖고 있다는 믿음을 가지고 있으니, 금강석 같은 완벽한 힘이 자신의 중심에 자리하고 있다고 믿었다. 이런 엄청

난 힘이 나에게 부여되어 있으므로 언제나 그 힘과 함께 앞으로 나아가고 있다는 생각이 떠올랐고… 이런 생각을 하고 난 후부터는 무한한 힘을 확신하게 되었다."

3.   집중명상을 효과적으로 하는 방법

언제

이완반응은 하루가 시작되는 새벽녘에 하는 것이 가장 좋다. 만약 새벽에 할 수 없다면 점심이나 저녁을 먹기 전에 하라. 이것도 불가능할 때는 잠자기 전에 하라. 정기적으로 이완반응을 할 충분한 시간이 없다면 단 몇 분만이라도 시간을 내어 하라. 간디는 "명상은 아침을 여는 열쇠이며, 저녁을 닫는 걸쇠다."라고 말했다.

어디서

가능하면 조용한 장소를 정해서 하라. 전화벨 소리가 차단되거나 다른 사람이 불쑥 침범해 들어오지 않을 만한 장소를 택하라. 포근하고 안정감이 느껴지는 장소라면 이상적이다. 매일 같은 장소에서 하라. 이런 이상적 조건이 갖추어지지 않은 전철이나 버스에 앉아서도 할 수 있다.

어떤 자세로

편안함을 느낄 수 있는 어떤 자세라도 좋다. 방석을 깔고 앉아서 할 수도 있고 등받이가 있는 의자에 앉아서 할 수도 있다. 그 밖에 무릎을 꿇고 앉아서 할 수도 있을 것이고 맨바닥에 앉아서 할 수도 있다. 스스로 최적의 자세를 찾아 하면 된다. 다만 등을 똑바로 펴고 머리와 척추가 일직선이 되게 하면 더욱 좋다.

얼마나 오래

이상적인 시간은 한 번에 20분 정도로, 하루 한두 차례 하는 것이 좋다. 얼마나 성실하게 하느냐가 중요하다. 하루 일과 사이에 짬짬이 이완명상을 하여 삶의 일부가 되게 하는 것이 중요하다. 삶의 스케줄 속에 이완반응을 연결시켜 싱싱하고 평화로운 삶을 연출해가는 지혜가 필요하다.

4. 　　　마음을 한 곳에 머무르게 하는 방법

명상을 통해 이완반응을 일으키려고 할 때 어떻게 마음을 모아야 하는지를 두고 당황하게 된다. 많은 사람들이 단 몇 초간이라도 자신의 생각을 임의로 통제할 수 있기를 바라지만 실제로는 그렇지 못하다. 그러나 다행히도 마음을 어느 한 곳에 효과적으로 모으는 다양한 방법이 있다. 이런 방법들에는 자신의 호흡을 알아차림 하는 내용이 공통적으로 포함되어 있다. 간단하게 앞서 언급한 내용들을 다시 한 번 정리한다. 이완반응을 일으키는 데 가장 핵심적인 것이다.

1. 호흡하기

앞서 살펴본 것처럼 심호흡을 하면 쉽게 이완 상태에 이른다. 쉽게 말해 호흡명상에 의해 이완반응을 일으키는 것이 가장 쉽고도 결정적인 열쇠이다. 먼저 몇 번 깊게 심호흡을 하여 주의가 내면세계로 돌아오면 그 다음에는 자연스러운 리듬에 맞추어 호흡하면 된다.

호흡을 할 때 긴장이나 불안을 느끼게 되면 내쉬는 호흡을 들이쉬는 호흡보다 좀 더 천천히 길게 하는 것이 도움이 될 것이다. 호흡이 점차 느려지고 깊어지면 이완반응이 자연스레 일어난다. 때때로 호흡이 순간적으로 멈추어 서는 것처럼 느껴질 수도 있는데 매우 좋은 현상이다. 내쉬는 호흡은 부교감신경계가 주도하고 들이쉬는 호흡은 교감신경계가 주도한다. 좀 더 수행이 진전되어 자신의 호흡을 알아보는 단계에 이르면 명상을 하는 동안만이 아니라 일상생활 속에서도 자신의 호흡을 알아차릴 수 있는데 이렇게 되면 심신의 안정과 균형을 유지하는 데 큰 도움이 된다. 틱낫한 스님은 『틱낫한 명상(The miracle of mindfulness)』이라는 책에서 말했다.

"호흡은 몸으로부터 마음으로 연결하는 교량이다. … 호흡은 몸과 마음 양자를 하나로 연결시킨다. 이 둘이 하나가 되는 것이 몸과 마음의 내면을 비춰주고, 평화와 안정을 가져다주는 것이다."

2. 초점 단어나 구절의 선택 : 진언(만트라)명상

마음을 모으는 가장 보편적인 방법은 자신의 호흡과 마음을 서로 일치시켜 연결하는 것이다. 다시 말해 호흡 자체에 집중한다거나 호흡과 특정 단어나 구절을 서로 연결하는 것이다. 의식을 집중시키기 위해 사용하는 특정 단어나 구절을 힌두교식 이름으로 만트라라고 한다. 만트라(mantra)는 '보호한다.'라는 뜻을 가진 말로서 힌두교에서 먼저 쓴 말이며 불교에서는 이를 '진언(眞言)'이라고 한다. 마음이 어느 한 곳에 초점을 모아 안정되면 부정적 생각이나 불안과 같은 것이 깃들 수 없다. 만트라 암송은 흔들리는 마음을 안정시켜주는 닻(anchor)의 역할을 하는, 명상의 핵심 부분이다.

따라서 어떤 만트라를 선택하는지가 매우 중요하다. 개인적인 신념에 맞추어 만트라를 선택하면 효과는 극대화된다. 즉, 자신이 선택한 초점 단어가 자신의 종교적 혹은 철학적 신념에 특별한 의미를 갖는 경우 명상의 효과는 더욱 커질 뿐만 아니라 이완반응 속으로 더 깊이 빠져들 수 있게 되는 것이다. 그러나 어떤 사람들은 자신의 신념과 연결시키기보다는 초점 단어로 중립적인 단어나 구절을 선택하기도 한다. 어떤 경우이든 초점 단어는 명상의 열쇠이고, 이완반응을 일으키는 핵심이다.

초점 단어나 구절을 선택할 때는 한 번 내쉬는 호흡의 길이만큼 읊조릴 수 있도록 길지 않아야 한다. 이어지는 박스에 허버트 벤슨 박사가 추천한 다양한 초점 단어나 구절이 있는데 그중 자신의 신념 체계에 알맞은 것을 선택하면 도움이 될 것이다.

불교나 힌두교를 위시한 동양의 종교에서는 전통적으로 명상수련을 중시하였으므로 명상수련에 사용되는 만트라가 많다. 하지만 개신교 신자들은 이러한 만트라 선택에 거부감을 느낄 수도 있다. 벤슨 박사는 어떤 종교나 철학적 전통을 따르는 사람이라 하더라도 자신에게 알맞은 대안을 찾을 수 있다고 했다. 개신교, 천주교, 유대교, 이슬람교, 불교 신자를 위해 다음과 같은 기도문이나 문구를 만트라로 추천한다.

허버트 벤슨이 추천한 만트라의 예

■ 천주교도

'은혜의 예수 그리스도' 등의 기도문

'하늘에 계신 우리 아버지' 혹은

'이름을 거룩히 여기시며'와 같은 주기도문의 한 구절

'은총이 가득하신 마리아님'과 같은 성모송의 한 구절

'믿음과 사랑 안에 하나 되소서.'와 같은 기도의 마지막 구절

■ 개신교도

'여호와는 나의 목자이시니'

'나는 길이요, 진리요, 생명이니'

'하나님이 우리를 사랑하사.'

■ 유대교도

평화라는 뜻의 히브리어 '샬롬'

하나라는 뜻의 히브리어 '에코드'

'네 이웃을 사랑하라.'

■ 이슬람교도

신을 의미하는 '알라'

'네 주는 놀라운 분이시니'

'아흐둠, 알라는 위대하시니'

■ 불교도 *

'관세음보살', '나무아미타불' 등 불보살의 명호

'옴마니밧메훔' 등 각종 진언들

'오온개공', '색즉시공' 등 불경의 한 구절

* 불교 만트라는 필자가 임의로 선정한 것이다.

■ 종교를 가지지 않은 사람

'하나'

'이완'

'평화'

'태양'

'사랑'

'고요'

'내려놓아라(Let it be).'

3. 초점 단어나 구절 활용하기

이완된 자세를 유지한 채 초점 단어나 구절을 내쉬는 호흡에 맞추어 천천히 읊조려라. 단어가 하나 혹은 둘 정도로 간단할 때엔 내쉬는 호흡에 맞추기만 하면 되지만 몇 개의 단어로 된 긴 구절일 경우에는 일부의 구절은 들이쉬는 호흡과 함께 읊조리고 나머지 구절은 내쉬는 호흡과 함께 읊조리도록 한다. 예를 들어 「시편」 23장의 "여호와는 나의 목자이시니"를 초점 구절로 선택하였다면 들이쉬는 호흡과 함께 '여호와는' 하고 읊조리고 내쉬는 호흡과 함께 '나의 목자이시니' 하고 읊조리면 되고, '관세음보살'을 선택했다면 '관세음…' 하고 들이마시고 '보…살…' 하고 내쉬면서 읊조리면 된다.

이렇게 하다가 마음이 약간 안정되면 초점 단어나 초점 구절을 계속 의식하면서 읊조리는 것이 불가능해진다. 자신의 마음이 잡념에 사로잡혀 표류하고 있다는 것을 알아차렸을 때는 '잡념이 생겨도 괜찮아.'라고 스스로에게 말한 후 호흡으로 되돌아가면서 잠깐 잊어버렸던 초점 단어를 다시 읊조리면 된다. 이처럼 초점 단어를 놓치고 잡념 속에 빠져드는 것은 누구나 경험하는 지극히 자연스러운 현상이다. 이러한 마음의 동요는 끊임없이 반복되는 것이므로 이럴 때마다 '괜찮아.' 하고 스스로를 위로하고 호흡과 초점 단어의 읊조림으로 돌아가면 된다.

　명상수련을 계속하면 명상하고 있는 동안 자신이 경험하고 있는 내용을 알아차리는 태도가 길러진다. 이러한 알아차림의 태도가 길러짐에 따라 알아차림의 질적 내용 또한 계발되어 일상생활 속에서 부딪치는 문제들을 보다 쉽게 처리할 수 있는 능력도 길러진다.

하○○ 씨의 사례

하 씨는 60대 후반의 고혈압 환자였다. 부인과 사별한 지 몇 달 뒤부터 고혈압 때문에 통제불능의 상태에 이르렀는데 이완 명상이 고혈압 조절에 도움이 된다는 것을 알았다. 그는 자신에게 중요하다고 생각되는 초점 단어(만트라)로 '평화'를 선택했다고 한다.

"마음속에 떠오른 첫 번째 만트라가 '평화'였다. 내 몸에 평화가 오기 위해서는 우선 마음이 평화로운 상태가 되어야 한다고 생각했기 때문이다. '평화'를 만트라로 삼아 명상을 했더니 정말 놀랍게도 편안한 느낌이 들었다. 그리고 이렇게 이완되고 나니 어떤 것에든 직면할 수 있다는 느낌이 들었고 그 덕분에 밤잠을 편히 잘 수 있었다. 모든 일이 전보다 훨씬 나아졌다."

만트라 명상 안내문

음성 명상유도문

먼저 초점이 될 단어, 구절 혹은 기도문(만트라)을 자신의 신념에 맞추어 선정한 다음, 내쉬는 호흡에 맞추어 만트라를 반복적으로 읊조립니다.

명상하는 도중 잡념 또는 공상이 스며들면, 지금 이 순간 내가 공상하고 있다는 것을 알아차리고 조용히 호흡과 초점 단어(만트라) 쪽으로 돌아옵니다.

명상을 오래 지속하면 생각이나 초점 단어에 대한 알아차림조차 잊어버리는 수가 있습니다. 이때 마음은 지극히 고요한 경지를 경험하게 되는데 그런 적정의 경지가 나타나면 그 상태를 즐기십시오. 마음이 다시 활동을 개시하기 전까지 초점 단어나 호흡 쪽으로 일부러 되돌아갈 필요는 없습니다. 고요한 적정의 경지에 머물고 있는 것이 최상의 상태이므로 이 상태를 만끽하십시오.

명상을 하는 데 있어 특별히 '좋은' 또는 '나쁜' 명상이란 없으며 '표준 명상'이란 것도 없다. 오랜 기간 명상을 수련해온 사람들조차도 명상을 할 때마다 약간씩 다른 느낌을 받는다. 사람에 따라 어떤 명상 유형이 다른 명상 유형보다 더 이완된 느낌을 줄 수 있고 똑같은 명상 유형이라도 다른 때보다 더 이완되는 느낌을 받거나 마음의 동요가 더 심해지거나 반대로 보다 안정적인 기분을 느낄 때도 있다.

여기서 중요한 것은 마음이 흔들릴 때마다 흔들리고 있다는 것을 알아차리고서 초점 단어(만트라)로 되돌아오는 일이다. 초점 단어를 암송하는 것은 마치 파도에 흔들리는 배를 한 곳에 안주시키는 닻과 같은 역할을 한다. 마음이 흔들릴 때는 마음을 흔들어대는 생각, 느낌, 자극 등에 끌려가지 말고 초점 단어로 부드럽게 돌아가면 된다. 이렇게 끊임없이 흔들리는 자신의 마음을 알아차리고 초점으로 되돌아갈 수 있는 능력이 커져나가면서 불안으로부터 보다 평화로워지고 통제 불능의 마음 상태로부터 조절 가능한 마음 상태로 바뀌어가는 것이다. 이것이 바로 집중명상의 효과이다.

5. 일상생활 속에서 이완반응 일으키기 : 약식 이완반응

일단 명상을 통해 이완반응을 일으키는 데 익숙해지고 나면 스트레스가 줄어들고 불안도 줄어드는 것을 느낄 수 있게 된다. 명상이 끝난 후에도 마음과 몸이 한결 차분해짐을 느끼게 될 것이며 이런 기분이 온종일 계속되어 심신이 건강해진다. 그러나 일상생활 속에서는 귀찮은 사건들, 흔히 말하는 '열 받는' 사건들은 계속해서 일어나기 마련이다. 이럴 때 적절한 대처 방법은 무엇일까?

- 시간은 없는데 신호등이 붉은색으로 바뀌었을 때
- 병원에서 진료받기 위해 초조하게 기다릴 때
- 지금 당장 오라는 상사의 호출을 받았을 때
- 배우자가 내 이야기를 귀담아 듣지 않을 때
- 매우 중요한 고객에게 난감한 문제로 전화를 걸어야 할 때
- 긴 줄을 서서 '차례를 기다리고 있을 때'
- 만나기로 한 사람이 약속 시간을 지키지 않아 기다리고 있을 때

일상생활에서 이러한 귀찮고 열 받는 사건들은 열거하기 힘들 정도로 많다. 자잘한 스트레스를 받는 상황에서 단 몇 번의 심호흡을 하거나 만트라 명상을 통해 이완반응을 일으키면 큰 도움이 된다. 몇 번의 횡격막 호흡이나 만트라의 읊조림과 같은 간편한 이완반응을 일상의 장면 속에서 발생하는 스트레스 사태에 잘 적용해나가면 건강 유지에 대단히 유용한 방법이 된다. 이런 식의 '약식 이완반응'은 우리의 마음을 한껏 새롭게 해줄 뿐만 아니라 몸에 힘을 실어주기도 한다. 다시 말해 주의집중력을 높여주고 오감을 신선하게 느끼게 해주어 삶을 더욱 싱싱하게 해준다. 남과 잘 어울리게 해주어 인간관계도 좋아진다.

약식 이완반응 명상법에는 어떤 방법들이 있는지 자세하게 살펴보기로 하자.

▶ 첫째 방법

깊이 숨을 들이마신 후(횡격막 호흡) 숨을 마신 채로 몇 초간 참는다. 그런 후 매우 천천히 숨을 내쉬면서 초점 단어나 구절(앞서 만트라 명상에서 연습한 것)을 읊조려라. 이것은 전형적인 이완반응을 야기하는 약식 명상이다. 몇 번 되풀이하라.

▶ 둘째 방법

오른쪽 손을 배꼽 바로 아래(단전이라 부르는 곳)에 놓아라. 숨을 들이킬 때 손이 위로 올라가고 숨을 내쉴 때 손이 아래로 내려가는지를 살펴보라. 들이킬 때 "열" 하고 세고 이어 숨을 토한 후 다음 들이킬 때 "아홉" 하고 센 다음 숨을 토한다. 이런 식으로 "하나"가 될 때까지 숨을 거꾸로 세는 약식 수식관 명상을 한다.

▶ 셋째 방법

둘째 방법에서 한 것처럼 손을 단전 부위에 얹고 숨을 들이킬 때 하나… 둘… 셋… 넷까지 천천히 센다. 숨을 토할 때는 거꾸로 넷… 셋… 둘… 하나 하고 천천히 센다. 다시 말해 숨을 들이킬 때는 하나, 둘, 셋, 넷 하고 토할 때는 넷, 셋, 둘, 하나 식으로 세어간다. 이것은 이완반응과 수식관을 합성한 약식 이완명상법이다.

이번에는 숨을 들이킬 때 '코'로 들이키고 토할 때는 '입'으로 내쉰다. 이런 호흡을 열 번 되풀이한다. 이때 들이킬 때 콧속에 들어오는 공기가 얼마나 차며 내쉴 때 공기가 얼마나 따뜻한지 온도 차이를 느껴본다.

약식 이완반응 명상법은 병원에서 검사나 치료를 할 때 활용하면 불안과 통증을 다루는 데 탁월한 효과가 있다. 다시 말해 이러한 의료 장면에서 약식 이완반응 명상법 실천으로 불안과 신체적 통증이 유의미하게 감소된다는 것이다. 예컨대 치과 대기실에서 순서를 기다리고 있을 때 또는 치과 치료용 의자에 앉아 대기하고 있을 때 횡격막 호흡을 한다거나 호흡을 거꾸로 세는 수식관 호흡을 한다거나 초점 단어(만트라)를 읊조리는 등의 약식 이완호흡 명상을 하는 것은 시술에 따르는 불안을 누그러뜨리는 데 도움이 될 수 있다. 뿐만 아니라 실제 주사를 맞거나 수술을 받는 도중 만트라 호흡을 계속하면 불안뿐만 아니라 통증관리에도 큰 도움이 된다. 여기서는 '빛으로 몸과 마음을 정화하기'라는 약식 이완명상법을 소개한다.

빛으로 몸과 마음을 정화하기

몸을 부드럽게 쭉 뻗치면서 서서히 눈을 감고 시작하세요.
먼저 호흡에 주목하면서 숨을 들이마실 때는 몸이 약간 부풀어
오르고, 숨을 내쉴 때는 몸이 약간 오그라들며 이완되는 것을 주
목하세요. 호흡이 들어가고 나가고 하는 것을 부드럽게 관찰하
노라면 집중력은 더욱 높아질 것입니다.

자, 이번에는 머리 위에 사랑의 빛을 발하는 큰 별이 하나 있다
고 상상합니다.
이 별에서 발하는 사랑의 빛이 폭포수처럼 당신 쪽으로 흘러내
려 당신의 몸을 통해 흘러간다고 상상하세요.
정수리로 빛이 들어와 강물이 강바닥의 모래 위를 씻어 내려가
듯이 몸속의 개개 세포들 사이를 헤집고 지나간다고 상상해보
십시오.
빛의 강물에 의해 피로감도, 질병의 잔재도, 나쁜 독소도 다 깨
끗이 씻겨 내려가 발바닥을 통해 대지로 흘러나간다고 상상합
니다….
마음과 몸의 독소들이 다 씻겨 내려갈 때까지 이 명상을 되풀
이합니다.

이 명상법은 하버드 의대 심신의학연구소의 공동소장이었던 조안 보리센코(Joan Borysenko) 박사가 임상에서 활용하는 명상방법의 하나이다. 이 약식 이완명상법은 집중명상과 심상법을 적절하게 결합한 것으로 때때로 하면 심신이 정화되어 건강해진다.

9장
마음챙김 명상

1.   마음챙김이란?

마음챙김(mindfulness)이란 초기불교의 마음 수행 전통에서 유래한 명상수련법의 하나이다. 이 마음수련법은 미얀마 등지의 동남아시아에서 위빠사나 수행이란 이름으로 오래전부터 전해져오고 있지만 오늘날은 미국, 영국, 캐나다, 독일, 프랑스 등의 국가에서 만성질환 치료와 스트레스 피해 예방을 목적으로 많이 활용하고 있다.

'마음챙김에 기반을 둔 스트레스 감소(Mindfulness Based Stress Reduction : MBSR)'라는 명상 프로그램을 처음 개발하여 의료에 활용할 수 있는 초석을 쌓은 매사추세츠대학 의료원의 존 카밧진(Jon Kabat-Zinn) 박사는 마음챙김을 '현재 이 순간 일어나고 있는 경험에 대해 어떤 판단도 하지 않은 채 의도적으로 주의를 집중하는 것'이라고 정의한다. 따라서 마음챙김이란 '지금 이 순간 여기에서 체험하고 있는 경험에 대해 어떠한 판단도 없이, 유쾌하거나 불쾌하거나 상관없이, 오직 호기심과 열린 마음으로 그 경험을 살펴보고 받아들이는 것'이다. 이를 요약하면 '지금(今), 여기에서(處), 일어나고 있는 경험에 대해 깨어 있는 마음(心)으로 바라보는 것(觀)'이다. 마음챙김 명상수련은 삶의 괴로움(苦)에서 벗어나 행복한 세계로 가는 수행이다. 이 수행법은 알아차림, 통찰, 직관과 같은 지혜를 기르며, 평정심과 같은 흔들리지 않는 평화로운 마음과 자애·자비심과 같은 넉넉한 마음을 기르기 위한 것이다.

1970년대 후반 미군의 베트남전 패퇴·철수는 그간 경시하던 동양을 재인식하는 계기가 되었다. 이와 동시에 동남아시아의 불교(초기불교 또는 근본불교)가 서양에 본격적으로 알려지기 시작했다. 이후 위빠사나 수행을 기반으로 한 마음챙김 수행법이 스트레스에 시달리는 각종 만성병 환자나 우울증, 공황 장애, 성격 장애와 같은 정신 장애 환자의 임상치료에 활용되기 시작했다.

2000년대 들어오면서 MBSR 프로그램은 이미 미국 주요 의료원 230여 곳에서 실시되는 의료용 프로그램이 되었고, 1990년대 후반부터는 의료보험이 적용되는 프로그램으로 공인받았다. 이제 미국 심리학이나 정신의학에서는 마음챙김 또는 마음챙김에 바탕을 둔 수용전념 치료가 인지행동 치료의 제3물결이라 불리며 크게 유행하고 있다. 2015년 기준 미국 정신치료자의 40% 이상이 마음챙김을 활용하고 있다. 마음챙김 프로그램은 720개 정도이며 마음챙김 명상센터는 1,000여 곳을 웃돈다.

그런데 마음챙김에 기반을 둔 치료법들의 공통점은 모두 '알아차림(awareness)'을 중요시한다는 것이다. 다시 말해 '지금 여기에서(here and now)' 일어나고 있는 일에 마음을 챙겨 알아차리는 훈련을 강조한다는 것이다.

마음챙김 수련 방법에는 여러 종류가 있는데 크게 공식적인 것과 비공식적인 것으로 구별한다. 공식적 수련이라 함은 매일 일정한 시간을 마련하고 미리 계획된 표준적인 수행 방식에 따라 수행하는 몸살피기(body scan), 정좌명상, 하타요가와 같은 것을 말한다.

한편 비공식적 수련은 호흡할 때나 걸어갈 때, 남과 대화할 때 또는 무엇을 먹을 때와 같이 일상생활 속에서 하나의 특정한 행동을 할 때 그 행동 하나하나에 마음챙김하여 알아차림 해나가는 명상을 말한다. 수련자들은 그들의 주의가 공상이나 과거의 기억 또는 미래의 계획에 자동적으로 빠져들어 방황하고 있다는 것을 알아차림 한 후, 지금 행하고 있는 대상 쪽으로 주의를 되돌려 알아차림 하게 하는 것을 강조한다.

예컨대 가만히 앉아서 명상을 할 때 신체의 어느 부위로부터 어떤 감각이 느껴지거나 마음속에 특별한 감정이 일어나게 되면 그것을 알아차림 하면서 그런 것들이 생겨나, 변화해가고, 또 사라져가는 것을 어떤 판단도 하지 않은 채 나타나는 그대로 살펴보도록 한다. 수련자들은 관찰된 현상들에 대해 호기심과 흥미를 갖고 바라보며, 일어나는 현상을 있는 그대로 받아들이는 태도를 기르도록 한다. 관찰한 경험에 대해 어떤 평가나 비판을 하지 말아야 하고, 또 그것을 무시하거나 의도적으로 변화시키려 해서도 안 된다. 다시 말해 관찰한 것들을 합리화시키려 하거나, 불합리하게 보려 하거나, 작은 것을 크게 보려 하거나, 원치 않는 것을 배제하려 하거나, 불쾌한 감각이나 감정을 감소시키려 해서도 안 된다. 오직 감각, 감정 그리고 생각이 자연스레 나타나 변화되다가 사라져가는 것을 바라보기만 하면 된다.

마음챙김 명상은 주의를 어떤 특정한 대상에 계속 집중하는 것을 강조하는 호흡명상이나 만트라 명상과 같은 집중명상과는 다르다. 마음챙김 명상은 주의가 흔들린다거나 공상을 하고 있거나 감각, 생각 또는 감정이 변화되어가는 그 자체가 바로 관찰의 대상이 된다.

마음챙김 명상에서도 마음집중에 바탕을 두는 집중명상부터 시작하는 경우가 많다. 예컨대 수행자는 호흡과 관련시켜 횡격막의 상하운동과 같은 특정한 호흡운동에 주의의 초점을 둔다거나, 주의가 흔들려 다른 곳에서 방황하고 있다는 것을 알아차렸을 때 바로 호흡감각으로 주의의 초점을 되돌리는 집중명상을 닻(anchor)으로 삼아 점차 마음챙김으로 확산해나간다.

다시 말해 마음챙김 명상에서는 시간이 지나면서 자연스럽게 일어나는 감각, 감정, 욕망, 생각, 기억, 환상들의 출현과 변화 그리고 흐름을 있는 그대로 관찰하는 것을 강조한다. 즉, 수행자는 명상 중에 일어나는 다양한 현상들에 대해 상대적 가치나 중요성으로 분별하여 판단하지 않고 오직 일어나는 대로 알아차리기만 하면 된다. 이렇게 일어나는 대로 순수하게 알아차림 하는 것을 '순수한 주의(bare attention)' 또는 '선택하지 않는 알아차림(choiceless awareness)'이라고 부르기도 한다.

MBSR은 만성병과 스트레스 관련 질병을 가진 환자의 치료를 위한 행동의학 프로그램으로 개발되었다. 이 프로그램은 8주 동안 매주 1회씩, 회마다 2.5~3시간 정도 진행된다. 6주째에는 하루 종일 진행되는 마음챙김 수련 회차가 포함되며, 매주 한 번 센터에서 진행되는 수련일 외의 6일간은 집에서 매일 45분간 마음챙김에 관한 훈련을 한다.

　MBSR에 참여할 때는 질병의 종류에 구애받지 않는다. 끊임없이 변화하는 자신 내면 상태의 흐름을 경험하고 순간순간에 바탕을 둔 알아차림 능력을 키우고자 하는 일반적인 환자들을 대상으로 이루어진다. 그렇지만 경우에 따라 암 환자나 심장병 환자 또는 부부 관계를 증진시키고자 하는 등, 특정 치료 목적이 있는 사람들을 위한 특별 환자 집단으로 구성하기도 한다. 최근에는 스트레스를 많이 받는 CEO, 변호사, 회계사, 교수, 언론인 등 전문직업인들을 대상으로 하는 MBSR 수련이 관심의 대상이 되고 있다.

　처음 환자를 만나게 되는 면접 단계에서는 지도자가 이 과정의 의미와 방법에 관해 먼저 설명하고, 심리 진단 등의 사전 검사를 받도록 권유한다. 이 단계에서는 과제 부과에 관해 언급하기도 하고 앞으로 진행될 모든 회차에 빠짐없이 참석하도록 권유하고, 매일 집에서 하는 과제(적어도 매일 45분, 일주일에 6일)를 완수해야 한다고도 강조한다. 또한 이 프로그램을 수행하는 동안 체험하게 될 각종 경험에 대한 기술과 프로그램 완료 후에 있을 평가회차에 대해서도 언급한다. 8주 동안 진행되는 회차들에서는 수련자들이 명상하면서 느꼈던 개인적 경험을 언급하는 데 특히 많은 시간을 할애한다.

마음챙김 수련이나 심신의학 그리고 스트레스에 관한 다양한 이론 강의도 한다. 스트레스의 생리학과 병리학, 스트레스에 대한 생리·심리적 반응, 스트레스 지각에 대한 인지적 평가 등 심신의학에 관한 것들을 모든 회차에 걸쳐 골고루 통합하여 체계적으로 강의함으로써 환자 자신의 병이 어떻게 발생하였고, 또 어떻게 고쳐질 것인지에 대한 종합적인 이해를 높인다. 또한 명상의 종류, 마음챙김 명상의 의미 그리고 마음챙김 태도에 대한 강의를 통해 삶의 태도를 새롭게 바꿀 수 있도록 권유한다.

수련은 공식적 수련과 비공식적 수련으로 나뉘는데, 공식 수련은 매일 일정한 시간을 공식적으로 할애하여 안내문이 담긴 음성파일을 들으면서 따라한다. 공식 수련에는 몸살피기, 정좌명상, 하타요가 수련이 주를 이루고, 비공식 수련에는 일상생활 속에서 비공식적으로 할 수 있는 수련 내용으로 건포도먹기명상, 걷기명상, 호흡명상, 자비·자애명상, 일상생활 속에서의 알아차림명상 등이 있다.

처음 배울 때는 음성파일의 안내에 따라 수련하면 기초를 다지는 데 도움이 된다. 익숙해지고 나면 음성파일의 도움 없이 언제 어디서나 필요할 때 바로 그곳에서 마음챙김할 수 있어야 진정한 수련자가 되는 것이다.

이 책에서 소개할 마음챙김 명상법은 필자가 환자나 다양한 부류의 성인들을 대상으로 개발하여 보급해온 '한국형 마음챙김 스트레스 감소(K-MBSR) 프로그램'의 핵심 내용이다.

마음챙김 훈련1　　　　　　건포도먹기 훈련

건포도먹기 훈련은 처음 MBSR에 참가한 수행자들이 자기소개를 끝낸 첫 회차에 시작하는 마음챙김 명상의 첫 번째 훈련이다. 수련자 한 사람 한 사람에게 서너 알의 건포도 알을 나누어 주고 그 건포도 알들을 과거에는 한 번도 보지 않았던 것처럼 흥미와 호기심을 갖고 관찰하도록 한다.

그러고 나서 수련자에게 건포도 알을 손가락으로 만져 촉감을 느끼게 하고, 건포도 알의 표면을 살펴보게 하고, 불빛에 비춰 불빛이 건포도 알을 통과하는지도 살펴보게 하고, 귀 가까이 가져가 빠르게 또는 느리게 비빌 때 소리가 들리는지도 알아보게 하고, 냄새를 맡아 어떤 냄새가 나는지도 알아보게 한다. 그런 후 천천히 입속에 넣었을 때 침이 나오는지 어디에서 침이 나와 고이는지 등을 살핀 후 서서히 씹었을 때 입과 혀의 반응, 맛과 질감 등을 살피고, 삼켰을 때 목구멍에서 일어나는 감각적 느낌까지 다섯 종류의 감각적 경험들을 차근차근 살피도록 한다.

만약 이러한 감각 훈련을 하는 동안 감각 경험과 관련 없는 어떤 생각이나 감정이 일어나면 판단하지 않은 채 그런 생각이나 감정이 일어났음을 알아차림 한 후 건포도 쪽으로 주의를 되돌리도록 한다.

건포도먹기 훈련은 평소 우리가 음식을 먹을 때 감각적인 알아차림 없이 건성으로 먹어치웠던 식사 습관이나 어떤 일을 할 때 넋이 빠져 기계적으로 해왔던 행동들에 대해 재인식할 기회를 제공해준다는 데 큰 의미가 있다. 이 훈련에 참여한 사람들은 평소 자신이 음식을 먹을 때 주의가 딴 곳에 가 있어 음식의 맛도 모르고 건성으로 먹어왔다는 것을 알게 되었다고 말한다.

평소 정신없이 해왔던 일상의 활동에 대해 알아차림 한다는 것은 체험의 질을 높여 삶을 대하는 데 있어 의미를 새롭게 해준다. 이처럼 일상적 경험에 대한 알아차림 능력이 높아지면 다양한 상황에서 마음을 알아차리지 않고 해왔던 일들을 의도적으로 마음챙겨 할 수 있게 된다.

수행자들에게 1회차가 끝난 후 앞으로 일주일 동안 음식을 먹을 때 지금 행한 건포도먹기 훈련처럼 마음챙겨 천천히 먹도록 권유한다. 건포도먹기 명상 안내문을 자신의 목소리로 녹음해서 그 소리를 들으면서 따라 하길 권유한다.

건포도먹기 명상 안내문

음성 명상유도문

건포도 서너 알을 골라서 손바닥 위에 올려놓으십시오. 편안하게 앉아서 이 건포도를 과거 한 번도 보았거나 맛본 적이 없었던 것처럼 관찰하십시오. 모든 감각을 총동원하여 건포도를 바라보십시오. '이것은 어떤 것이며 이것을 먹어보면 어떨까?' 마음속에서 호기심이 일어나게 하십시오. 지금 하고 있는 일에 의문이 일어나려고 할 때는 일단 의문을 내려놓고 그저 건포도에만 초점을 두고 관찰하십시오.

잠시 뒤 건포도 한 알을 골라 손가락으로 집어서 촉감을 느껴보십시오. 뒤집어도 보고 좀 더 가까이 가져와 살펴보십시오. 빛에 비춰보고 불빛이 이 건포도를 통과하는지도 살펴보십시오. 천천히 하십시오. 마음속에 조급해지거나 지루하다는 생각이 드는지 살펴보십시오.

마음이 건포도를 떠나 다른 생각이나 다른 이야기로 옮겨가는지 주목해보십시오. 마음이 다른 곳으로 떠나버려도 스스로를 관대하게 대하십시오. 그렇다 하더라도 실수나 잘못을 한 것은 아닙니다. 그저 조용히 마음을 건포도 쪽으로 데려오십시오.

건포도를 한쪽 귀에 갖다대보십시오. 손가락으로 비벼보십시오. 무슨 소리가 들리십니까? 다른 쪽 귀에다 대고도 해보십시오. 속도를 달리해가면서 비벼보십시오. 지금 이 순간 이 일에 마음이 머물고 있습니까? 비비면 소리가 들립니까? 마음속에서 일어나는 모든 생각과 판단을 알아차리십시오. 생각을 보고는 부드럽고 관대하게 그 생각을 내려놓고 건포도 소리로 되돌아오십시오.

시간을 충분히 갖고 하십시오. 서두르는 생각이나 성급한 생각이나 실망감 같은 것은 없는지 잘 살펴보십시오. 자기 자신에게 넉넉하고 친절하게 대하십시오. 이러한 느낌들이 나타나는 대로 관대하게 받아들이고 다시 건포도로 의식을 돌리십시오.

건포도를 코 가까이에 대보십시오. 무슨 냄새가 나지 않습니까? 어떤 냄새입니까? 지금 바로 그 냄새를 맡으면서 그대로 머무르십시오. 냄새를 맡으면서 어떤 이야기를 만들어내거나 만들어낸 이야기 속으로 끌려가지 마십시오. 오직 그 냄새만

맡으십시오.

건포도를 입 가까이 가져가십시오. 아직 입안으로 넣지는 마십시오. 입안에서 어떤 일이 일어나고 있는지 느껴보십시오. 침이 고입니까? 어디에서 침이 많이 고입니까? 혀가 움직이지 않습니까? 가능한 한 주의 깊게 입속에서 일어나고 있는 여러 현상을 관찰하십시오.

건포도를 입속에 넣으십시오. 그 다음 어떤 일이 일어나는지 살펴보십시오. 씹기 전 건포도의 느낌은 어떠합니까? 당신의 입속에서 어떤 일이 일어나고 있는지 살펴보십시오. 씹기 전에 건포도를 약간 움직여보십시오. 느낌은 어떠합니까?

어떤 생각이나 이야기 또는 어떤 판단이 일어나고 있는지 지켜보십시오. 만약 어떤 생각이나 이야기 또는 판단이 일어났다면 그것을 알아차리기만 하고 놓아 보내십시오. 매달리거나 붙잡으려 하지 마십시오. 오직 당신 입안의 건포도 주위에서 일어나고 있는 직접적인 감각 경험에만 주의를 집중하십시오.

이제 건포도를 서서히 씹어보십시오. 처음 깨무는 순간을 느껴보십시오. 맛이 어떻습니까? 달콤합니까? 흙냄새가 나는가요? 쓴맛이 납니까? 아니면 어떤 다른 맛이 납니까? 부드럽습니까? 거칩니까? 쫄깃쫄깃합니까? 씹을수록 맛이 변합니까? 어떻게 변합니까? 입안의 어떤 부분에서 가장 맛이 강하게 느껴집니까? 씹을 때 일어나는 변화에 집중하여 그곳에 머무르십시오.

건포도의 맛과 씹는 동작에서 무엇을 알아차렸습니까? 건포도가 입속에서 어떻게 사라져가는지도 살펴보십시오. 삼키는 것은 어떠한지요? 입안에 남아 있는 게 있는지요? 삼킨 후에도 아직 맛이 입 속에 남아 있습니까? 있다면 입안 어느 곳에 주로 남아 있습니까? 지금 이곳에 존재하는 모든 감각들을 느끼면서 편안하게 머무르십시오.

잠시 후 두 번째 건포도 알을 가져오십시오. 건포도를 바라보면서 그 안에 무엇이 들어 있는지, 지금 당신 앞에 오기까지의 상황들에 대해 생각해보십시오. 깊고 심각한 분석은 하지 마십시오. 다만 이 건포도 알이 여기에 오기까지 햇볕과 물 그리고 대지의 영양분이 인연 되어 영글어졌고 인간을 포함해서 모든 생명체들의 온갖 보살핌을 받아 이곳에 온 것임을 알아보십시오.

어떤 나라, 어느 지방, 어떤 밭의 어떤 나무 위에서 영글고 익은 포도알을 누군가 따서 말린 것을 포장하여 시장으로 출하된 것을 사서 집으로 가져온 포도 알 하나가 지금 당신의 손 위에 왔습니다. 건포도처럼 사소한 먹을거리를 포함하여 당신 주위에 있는 모든 먹을거리들이 당신과 소중한 연관을 맺고 있다는 것을 실감해보십시오.

다시 두 번째 건포도 알을 향해 천천히 주의를 돌리십시오. 당신은 이 건포도 알을 과거에 단 한 번도 본 적이 없습니다. 이것은 당신이 지금까지 먹었거나 보았던 건포도 알과는 전혀 다른 것입니다. 건포도를 이미 잘 알고 있고, 예전에 이미 먹어보았다는 생각은 하지 마십시오. 초심자의 마음으로 이 건포도와 함께 존재할 수 있겠습니까? 적어도 처음 건포도를 보았을 때의 마음으로 집중할 수 있겠습니까? 편견 없이 건포도를 바라보고 만져보고 촉감을 느껴보십시오. 건포도를 만지면서 소리를 들어보십시오. 냄새를 맡아보십시오. 씹어서 맛을 느껴보십시오. 삼켜보십시오. 이런 경험에서부터 무엇을 알아차렸습니까?

세 번째, 네 번째 건포도 알로도 시도하십시오. 할 적마다 초심으로 지금 이 순간에 머무르십시오. 지금 먹고 있는 이 건포도와의 생생한 경험과 관계없는 생각, 예컨대 성급함, 지루함, 실망감, 의심 혹은 그 밖의 다른 생각이나 정신적인 상태가 나타나고 있는지도 잘 살펴보십시오.

이러한 느낌이나 생각이 일어난다는 것을 알아차려도 스스로에게 관대하십시오. 마음이 다른 곳으로 가 헤매고 있고 어떤 이야기나 판단에 빨려들거나 성급함이 일어나도 개의치 마십시오. 결코 잘못하고 있는 것이 아닙니다. 일상적으로 일어나는 일일 뿐입니다. 누구에게나 일어나는 일입니다. 지금 당신은 일어나고 있는 일을 알아차림 하고 있는 것입니다. 지금처럼 현재에 깨어 있는 연습을 거듭하면 할수록 인내와 수용심을 기를 수 있을 것입니다.

몸살피기 훈련

몸살피기 훈련은 공식적 마음챙김 명상수련의 첫 번째 훈련이다. 수련자들에게 눈을 감은 채 등을 바닥에 대고 가만히 눕거나 의자에 편안하게 앉으라고 지시한다. 이어서 왼발 발가락부터 시작해서 서서히 상체 쪽으로 주의의 대상을 옮겨가면서 차례차례로 신체 여러 부위들의 감각을 살피라고 지시한다. 왼쪽 다리에 대한 감각 살피기가 끝나면 오른쪽 다리로 옮기고 이어 몸통, 팔, 어깨, 목, 얼굴, 머리 쪽으로 서서히 대상을 옮겨가면서 신체 각 부위의 감각을 살펴보도록 한다.

개개 신체 부위에서 느껴지는 감각에 대해 어떤 변화도 시도하려고 하지 말고 오직 열린 마음과 호기심을 가진 채 지금 이 순간 나타나는 신체의 감각을 나타나는 대로 살펴본다. 만약 신체의 어떤 부위에서 어떤 감각도 느껴지지 않는다면 오직 감각이 없다는 것만 알아차리면 된다.

이 몸살피기 훈련은 근육들을 임의적으로 이완시키라고 지시하는 점진적 근육 이완 훈련이나 자율 훈련과는 차이가 있다. 몸살피기에서는 신체의 어떤 부위에서 긴장이 느껴지면 단지 그곳에 긴장이 있구나 하고 알아차림 하면 된다. 또는 어떤 부위에 아픔이 느껴지면 그곳에 어떤 종류의 아픔이 있구나(띵하구나, 찌르는 듯한 아픔이구나 등) 하고 알아차림 하면 된다.

이렇게 몸을 살피는 동안 마음이 흔들려 주의가 다른 곳으로 가 방황하게 되면(이것은 불가피한 일이다.) 마음이 흔들리고 있다는 것을 알

아차림 한 후 지금 관찰 대상인 신체 부위 쪽으로 조용히 되돌아오도
록 할 뿐 자기 자신에 대해 비판이나 비난을 해서는 안 된다.

몸살피기는 1, 2 및 8회차에 수련 받으며 1주부터 시작하여 4주까
지 연속 4주간 숙제로 부여된다. 수련자들에게는 몸살피기 수련을 따
라 할 수 있도록 안내하는 음성파일을 제공한다.

몸살피기가 끝난 직후 주어지는 질의응답 시간에는 지금 체험한 경
험에 대해 질문한다. 예컨대 어떤 수련자들은 자신이 몸살피기를 제
대로 했는지 걱정하면서 자신의 체험을 이야기하기도 한다. 몸살피기
에서는 이완과 같은 어떤 특정한 성과를 기대해서는 안 되기 때문에
몸살피기 끝에 이완에 성공했다거나 실패했다는 따위의 결과를 성급
하게 기대해서는 안 된다. 이완이 일어날 수도 있지만 오히려 긴장되
는 것만 관찰했다고 보고해도 무방하다.

수련자들은 몸살피기 하는 동안 잠이 왔다거나, 안절부절못했다거
나, 마음이 심하게 방황하고 있다는 것을 경험했다거나, 몸이 이곳저
곳 쑤시고 아팠다거나 어떤 참을 수 없는 감정 상태가 일어나는 것을
관찰할 수 있었다고 말한다. 이러한 경험들을 했다고 해서 몸살피기 훈
련을 잘못 했다는 것은 아니다. 어떤 판단도 하지 않은 채 나타난 경험
을 있는 그대로 알아차리는 것이 무엇보다 중요하다. '이렇게 하는 것
은 틀린 것이야.' 또는 '이렇게 해서는 안 돼.' 또는 '그것과는 다르게
해야 해.'라고 말하기보다는 '이 생각은 판단적인 생각이야.', '흥미
와 호기심을 갖고 그냥 바라봐.' 또는 '공상이 떠올랐군. 몸살피기 쪽
으로 주의를 되돌려야겠군.' 등과 같은 독백을 하는 것은 상관없다.

몸살피기(바디스캔) 명상 안내문

음성 명상유도문

편안한 자세로 앉거나 머리와 무릎을 베개로 받치고 누우십시오. 많은 사람들이 누워서 하는 몸살피기를 좋아합니다. 몸살피기는 잠들려고 하는 것이 아니라 마음을 챙겨 깨어 있도록 수련하는 것이 주된 목적입니다.

몸을 따뜻하게 하십시오. 적어도 30분은 수련해야 하며 이 명상에 익숙해질수록 점점 더 장기간 수련할 수 있을 것입니다. 준비가 되었으면 눈을 감으십시오.

먼저 호흡이 몸을 들고 남을 느껴보십시오. 호흡이 몸속으로 들어왔다가 바깥으로 나가는 것을 느껴보십시오. 편안하게 이완한 채 몸 전체를 통해 느껴보십시오. 온몸을 한 덩어리로 생각해서 느끼십시오. 의자나 방바닥과 몸이 맞닿는 신체 부분에 집중하여 느끼십시오. 느낌을 인위적으로 변화시키려 하지 말고 느껴지는 대로 느끼십시오. 당신은 몸이 느껴지는 그대로 바로 지금 이곳에 존재하고 있는 것입니다. 이 수련은 몸에 대하여 무엇인가를 생각하려고 하는 게 아니라 몸이 느끼는 그대로를 느껴보려는 것입니다.

자, 왼발의 발가락에 의식을 집중해보십시오. 발가락에서 느낄 수 있는 감각을 느껴보십시오. 그런 후 발가락을 통해 호흡이 드나든다고 느껴보십시오. 즉, 발가락으로 호흡이 들어와 발가락으로 호흡이 되돌아 나간다고 느껴보십시오. 발가락으로 호흡이 들어온 후 발가락을 거쳐 호흡이 되돌아 나갑니다.

마음속에 어떤 상을 만들려고 하지 마십시오. 그냥 이완한 채 얼마나 많은 감각이 발가락에서 느껴지는지 바라보기만 하십시오. 특별한 감각이 느껴지지 않는다면 그냥 지켜보기만 하면서 '특별한 감각이 느껴지지 않는구나.'라고 생각하십시오. 감각이 느껴지지 않는 것에 대해 어떤 해석을 하려고 하지는 않는지 살펴보십시오. 만약 해석하려는 생각이 떠오른다는 것을 알아채면 그 해석하려는 생각을 내려놓아 보내고 발가락으로 주의가 되돌아올 수 있도록 하십시오.

발가락 감각의 변화도 느껴보십시오. 발가락의 온도, 양말이나 신발 또는 공기와의 접촉감도 느껴보십시오. 최대한 예민하게 느끼십시오. 최대한 세밀하게 미세한 감각을 느껴보십시오. 직접적으로 느껴지는 일차적 감각에만 의식을 머무르게 하십시오. 감각이 느껴졌다가 변화되었다가 사라졌다가 하는 것을 그

대로 보기만 한 채 내버려두십시오. 감각이 자연스럽게 일어났다가 자연스럽게 변화되어가다가 자연스럽게 사라지는 것만 살펴보십시오. 계속해서 보다 깊은 호흡을 몇 번 하고 난 후 발가락에 집중했던 의식의 초점을 거두어들이십시오.

이번에는 발바닥 쪽으로 의식의 초점을 옮겨가십시오. 발가락에서 했던 감각 살피기를 발바닥에서도 하십시오. 그런 후 발뒤꿈치, 발등, 발목으로 의식의 초점을 서서히 서서히 옮겨가십시오. 이런 식으로 몸의 감각 살피기를 계속하십시오.

신체 감각의 관찰은 마음챙김의 대상입니다. 신체 감각의 알아차림과 함께하는 호흡은 이 순간 당신을 바로 여기에 머무르도록 해줍니다.
발에서 엉덩이 부분을 지나 다리 위쪽으로 주의의 대상을 서서히 옮겨가십시오. 호흡과 함께 종아리, 무릎, 허벅지의 감각에 계속 초점을 옮겨가십시오. 한 부위의 신체 감각을 호흡과 함께 살펴본 후 다른 부위로 주의의 초점을 서서히 옮겨가십시오. 집중이 잘 안 될 때는 인내심을 갖고 초점을 두고 있는 신체 부위의 감각과 호흡 감각을 다시 느껴보십시오.
자, 이번에는 오른발과 오른쪽 다리로 의식을 옮겨가십시오.

오른쪽 다리의 오른발 발가락에서부터 의식을 집중해보십시오. 느낄 수 있는 만큼 느껴보십시오. 왼쪽 다리에서 했던 방식을 그대로 되풀이하십시오.

이런 식으로 오른쪽 다리의 모든 부분으로 이동해가십시오. 자, 다리를 거쳐 이번에는 골반 쪽으로 옮겨가십시오. 골반에서 느껴지는 감각과 함께 호흡한 후 복부와 아래 등 부위로 옮겨가면서 호흡하십시오.

다음에는 가슴과 등 위쪽을 살펴보십시오. 어깨로 나아가십시오. 다음에는 왼쪽 팔의 손가락, 손바닥, 손등, 팔을 살펴본 후 나머지 다른 부위의 팔을 살펴보고 다시 어깨로 되돌아오십시오. 한 부위에서 다른 부위로 집중을 옮길 때 감각과 호흡에만 초점을 두십시오.

이번에는 오른팔의 손가락, 손바닥, 손등을 살펴보고 나머지 부분의 팔을 살펴보고 다시 어깨로 되돌아오십시오.

목, 턱, 입과 목 안쪽을 포함하여 얼굴 부위를 거쳐 머리 부위로 천천히 계속 옮겨나가십시오. 모든 부위의 신체를 다 살펴보았으면 자연스러운 상태로 몇 번 호흡을 하고 다음에는 깊은 휴식으로 들어가십시오. 마치 머리의 정수리에 문이 있어서 그 문을 통하여 호흡이 들어와서 몸 전체를 관통하여 씻어 내려간 후 두 발의 발바닥을 통해 몸 밖으로 나가게 하십시오. 정수리를 통하여 호흡이 들어와서 몸 전체를 관통하여 샅샅이 씻어내려가 두 발의 발바닥을 통해 몸 밖으로 나가게 합니다.

자, 마음 내키는 만큼 계속 정수리를 통해 호흡이 들어와 몸을 관통하고 발바닥을 통해 밖으로 나가는 호흡을 계속하십시오.

이번에는 거꾸로 발바닥으로 호흡을 들이마셔서 몸을 통과하여 정수리로 나가게 하십시오. 발바닥으로 호흡이 들어와 몸을 통과하여 정수리로 나가게 하십시오.

하고 싶은 만큼 계속 하십시오. 자, 이 모든 것을 다 마치면 마치 몸이 없는 것처럼 몸의 존재를 느끼지 못할 수도 있습니다. 그렇게 느껴져도 걱정하지 마십시오. 그냥 고요히 그 순간의 침묵 속에서 편안히 쉬십시오. 몸살피기 후의 깊은 평화와 안정감을 한껏 느껴보십시오.

수련을 마칠 준비가 되었으면 깊은 호흡을 몇 번 하고 서서히 눈을 뜨십시오. 천천히 몸을 좌우로 움직여보십시오. 그리고 서서히 일어나 앉으십시오.

정좌명상은 마음챙김 명상의 가장 핵심이 되는 본격적 수련 과정인데
크게 네 단계를 거쳐 진행된다. 정좌명상의 첫 단계에서 수련자는 의
자나 방석 위에 앉아 마음을 각성한(깨어 있는) 채 편안한 자세를 취한
다. 등은 가능한 한 똑바로 펴서 머리와 목과 등뼈가 일직선이 되도록
한다. 눈은 가볍게 감거나 아래쪽으로 응시한다.

정좌명상의 첫 번째 단계에서 수련자는 천천히 호흡하면서 콧구멍
이나 목구멍에서 일어나는 감각과 하복부의 상하운동에 집중한다. 마
음이 호흡 집중에서 벗어나 흔들릴 경우, 이러한 흔들림을 알아차리
면 지체 없이 호흡집중으로 주의를 돌린다. 이렇게 하여 주의가 집중
되면 이번에는 주의의 초점을 신체 감각 쪽으로 옮겨간다. 불쾌한 신
체 감각이 일어나더라도 이를 해석하거나 판단하지 말고 조용히 수용
한다. 몸이 불편하여(다리가 아파서) 움직이고 싶은 욕망이 생기면 즉각
움직이지 말고 고통 자체가 발생되었음을 수용한다. ('아, 다리가 아프구
나.' 등). 꼭 다리를 움직여야겠다고 생각되면 움직이려는 의도, 움직
일 때의 동작 그리고 움직임에 의해 발생되는 감각의 변화까지도 빠
뜨리지 말고 알아차림 하도록 한다. 첫 번째 단계에서는 신체 내에서
일어나는 감각을 알아차림 하는 것이 특징이다.

정좌명상의 두 번째 단계는 소리나 냄새와 같은 외부 환경 자극에
대해 마음챙겨 수용하는 연습이다. 소리를 들을 때는 소리의 질, 양,
기간 또는 소리와 소리 사이의 침묵에 대해 판단 없이 알아차림 하고,

풍겨오는 냄새에 대해 알아차림 할 경우 냄새의 질과 강도 등에 관해 판단과 분석 없이 있는 그대로 알아차림 한다. 두 번째 단계는 외부 자극을 순수하게 알아차림 하는 것이 특징이다.

　세 번째 단계에서는 주의의 초점을 자신의 마음에서 자연스레 생겨나는 감정이나 생각으로 옮겨간다. 수련자들은 자신의 의식 세계 속에 자연스레 떠올랐다가 사라져가는 생각이나 감정을 관찰하도록 한다. 다만 떠오르는 생각에 깊이 빨려 들어가지 말고 단순히 그 생각의 내용이 무엇인지에만 주목해야 하며 그 생각이 떠올라 전개되다가 사라져가는 변화를 살펴보아야 한다. 다시 말해 수련자는 자신이 지금 경험하고 있는 분노, 수치 또는 욕망과 같은 감정들이 떠올랐음에 주목하고 이 감정과 연관되는 생각이나 감정의 전개 과정을 어떤 분석이나 판단 없이 목격자의 입장에서 알아차림 한다.

　마지막 단계에서 수련자는 의식 세계에 자연스럽게 떠오르는 어떤 것이든(신체 감각, 생각, 감정, 소리, 냄새, 욕망 등) 선택하지 말고 나타나는 대로 살펴보며 이런 것들이 떠올랐다가 변화되어 사라져가는 과정을 어떠한 판단 없이 살펴보면서 정좌명상을 끝내게 된다.

　정좌명상은 2회부터 7회까지, 6회차에 걸쳐 한 번에 10～45분 정도 수련한다. 대부분의 주 동안 정좌명상은 숙제로 주어지며, 정좌명상 안내문의 음성파일이 제공된다.

음성 명상유도문

정좌명상은 편안하게 바닥에 앉아서 하거나 등받이가 있는 의자에 앉아서 할 수 있습니다. 상황에 따라 편리한 대로 하십시오. 먼저 편리한 대로 자리를 잡으십시오. 바닥에 앉아서 할 경우에는 방석을 엉덩이 밑에 깔고 양반다리 자세를 취하여 할 수도 있고 가부좌 자세나 반가부좌 자세로 할 수도 있습니다. 어떤 자세를 취하든 자유입니다. 엉덩이를 바닥에 붙이고 편안하게 앉아서 하면 됩니다. 자세에 지나치게 신경 쓰지 마십시오. 의자에 앉아서 할 경우에는 등을 등받이에 기대어서 하지 마십시오. 등을 똑바로 세워서 해야 각성 유지에 도움이 됩니다. 바닥에 앉아서 할 경우에는 두 무릎을 바닥에 붙이면 이상적입니다. 허리를 꼿꼿이 세운 채 편안하게 앉기 위해서는 엉덩이 밑에 깔 방석의 높이를 조절하는 게 좋습니다. 방석을 접어 엉덩이 밑에 깔고 두 무릎을 바닥에 붙인 채 해보십시오. 편안하게 느껴질 것입니다.

자, 준비가 되었으면 등을 똑바로 세워 위엄 있고 편안한 자세
를 유지할 수 있도록 하십시오. 의자에 앉아서 할 경우에는 두
다리를 어깨 너비 정도로 벌리고 발바닥은 바닥에 편안히 놓고
하십시오. 명상할 자세가 갖춰졌으면 두 눈을 부드럽게 감으십
시오. 이제부터 명상에 들어갑니다.

먼저 엉덩이가 닿아 있는 바닥에서 느껴지는 촉감이나 압박감
그리고 그 밖에 앉아 있으면서 느낄 수 있는 모든 신체감각을
느껴보십시오. 처음에는 이런 신체감각들을 느끼는 데 마음을
집중하십시오.

자, 이번에는 호흡으로 주의를 옮기십시오. 숨을 들이쉬고 내
쉴 때 아랫배에서 느껴지는 신체 감각에 의식을 집중하십시오.
처음 연습할 때는 한 손을 아랫배 위에 올려놓고 숨을 들이쉴
때 손이 위로 올라가고 내쉴 때 손이 아래로 내려가는가를 살
펴보십시오. 하복부의 움직임과 감각에 마음을 모을 수 있게
되면 손을 복부에서 뗀 채 계속하여 하복부의 움직임과 감각을
마음의 눈으로 살펴보십시오. 숨을 들이킬 때 아랫배가 부드럽
게 부풀어 오르고 숨을 내쉴 때는 부드럽게 줄어드는가를 살펴
보십시오. 숨을 들이킬 때는 아랫배가 부드럽게 부풀어 오르고

숨을 내쉴 때는 부드럽게 줄어드는가를 계속해서 살펴보십시오. 잘 되어 가면 호흡이 코로 들어와 아랫배까지 진행되어가는 전 과정 동안 느껴지는 신체 감각의 변화를 느껴보십시오.

자, 이번에는 호흡이 아랫배로부터 코를 통해 바깥으로 나가는 전 과정 동안 느껴지는 신체 감각의 변화를 느껴보십시오.

집중이 잘 되면 마음속으로 숨을 들이쉴 때는 '들~' 하고 쉴 때는 '토~' 하고 호흡 사이에는 '쉼~' 하고 마음속으로 읊조려보십시오.

들~쉼~토~쉼~들~쉼~토~쉼~들~쉼~토~쉼~들~쉼~토~쉼~

계속하십시오. 숨 쉬는 것을 어떤 식으로든 통제하려고 하지 마십시오. 자연스럽게 하십시오. 숨 쉬는 동안 느끼는 경험들도 자연스럽게 느낄 수 있게 하십시오. 이상적인 숨쉬기 방법이 따로 있는 것이 아니고, 특별하게 도달해야 할 이상적 상태가 따로 있는 것도 아닙니다. 느껴지는 자연스러운 경험에 충실하십시오.

얼마 지나지 않아서 당신의 마음은 아랫배의 움직임에 대한 관찰에서 벗어나 바깥세계를 향해 방황을 시작할 것입니다. 온갖 종류의 생각과 계획과 같은 것이 마음에 떠올라서 방황하게 될 것입니다. 이런 마음의 동요는 자연스러운 것이며 모든 사람이 다 느끼는 것입니다. 이것은 잘못된 것도, 실패한 것도 아닙니다. 안심하십시오. 마음이 호흡 관찰에 머물러 있지 않고 다른 생각에 가 있다는 것을 알아차리면 다른 곳에 가 있는 마음을 조용히 붙잡아 호흡 쪽으로 되돌리면 됩니다. 의식을 아랫배 쪽으로 되돌려놓고서는 조금 전처럼 호흡이 들어오고 쉬고 나가고 할 때 느껴지는 신체 감각들에 마음을 챙기십시오.

들~ 할 때에 느껴지는 감각, 쉼~ 할 때에 느껴지는 감각 그리고 토~ 할 때에 느껴지는 감각을 챙기십시오.

마음을 아랫배로 돌려놓아도 금방 다시 바깥 대상으로 옮겨갑니다. 이런 마음의 동요는 끝없이 되풀이됩니다. 이렇게 불안정하게 움직이는 마음이 우리들 마음의 모습입니다. 마음이 다른 곳에 끌려가 움직이고 있다는 것을 알아차리는 순간 이런 마음의 동요는 지극히 자연스러운 현상이라 생각하고 아랫배 호흡으로 의식의 초점을 돌리시고 숨이 들어오고 쉬고 나가고 하는 동안 느껴지는 신체 감각들에만 마음을 챙겨나가십시오. 아무리 애써봐도 마음은 계속하여 바깥으로 달아납니다. 마음의 성질이 원래 그렇기 때문에 붙잡아 매어둘 수 없습니다. 이런 마음의 방황을 지켜보는 것이 나에게 인내심을 길러주고 나의 생각의 다양성과 호기심의 내용을 알려주기 때문에 오히려 다행스러운 일이라 여기시고 계속하여 달아난 마음을 붙잡아 아랫배의 호흡 자리로 되돌아가도록 하십시오.

호흡에 충분히 집중하고 있다고 느껴지면 호흡뿐만 아니라 전 신체에서 느껴지는 다른 감각들에도 마음챙김을 확산시켜갑니다. 아랫배로 계속 호흡을 하면서도 주의의 초점을 서서히 옮겨가 전 신체의 감각과 이 신체 감각들의 양상이 조금씩 바뀌는 데 의식을 집중해나갑니다. 몸과 맞닿아 있는 바닥이나 의자 부분에서 느껴지는 접촉감뿐만 아니라 발바닥 무릎 등의 신체 접촉 부분에서 시작되는 촉각, 압박, 통각 그리고 상체의 무게를 지탱하는 엉덩이 부분, 두 손을 올려놓은 무릎 부위 또는 두 손에서 오는 감각들에 대해서도 마음을 챙겨나가십시오. 이러한 몸 전체에서 올라오는 신체 감각들에 대해 마음챙김하여 이 모든 감각들을 하나로 아울러볼 수 있도록 의식의 공간을 넓혀갑니다.

이때도 전처럼 마음이 호흡이나 신체 감각에 대한 집중으로부터 빠져나가 다른 곳에서 방황하게 될 것입니다. 이런 마음의 동요 현상은 너무나 당연하고 자연스러운 일입니다. 이런 마음의 방황은 잘못된 것도 아니고 실패한 것도 아닙니다. 의식이 방황하고 있다는 것을 알아차릴 때마다 속으로 이렇게 말하십시오. '자 ~ 이것은 내가 졸지 않고 깨어 있다는 증거구나. 정말 다행스러운 일이야. 내 마음이 지금 그 대상에 가 머물고 있었구나. 나는 지금 그런 생각을 하고 있었구나.' 그러면서 주의의 초점을 아랫배의 호흡과 전 신체 감각으로 부드럽게 되돌리십시오. 최선을 다해 할 수 있는 일이란 순간순간 온몸을 통해 나타나는 실재하는 신체 감각들에만 주의를 집중하는 것입니다.

앉아 있을 때 등, 무릎 또는 어깨 부위에서 오는 특정 감각이 지나치게 강하게 느껴질 수도 있습니다. 이때는 지금 나의 주의를 이런 특정 감각에 빼앗기고 있구나 하고 느끼면서 호흡이나 신체 감각으로 되돌아오도록 하십시오.

한편 이때 의식의 초점 대상을 감각의 강도가 강한 그곳 신체 부위로 옮겨가서 그 감각의 양상에 주의를 기울일 수도 있습니다. 보다 구체적으로, 이 감각들은 정확하게 어떤 감각들인가, 어느 부위에서 올라온 감각인가, 순간순간 강도가 변화되고 있지는 않는가, 이 부위에서 저 부위로 감각이 옮겨가고 있지는 않는가 등을 살펴보는 것입니다. 그러나 이런 것들에 대해 지나치게 꼼꼼하게 알아보고 의미를 판단하려 해서는 안 됩니다. 이렇게 강한 감각을 나의 마음의 눈으로 살펴보기만 하십시오. 앞서 몸살피기(Body Scan)를 연습할 때 했던 것처럼 강한 감각을 느낀 그 부위에 의식을 집중하여 초점을 두고 그 부위에 호흡을 집중적으로 계속할 수도 있습니다.

감각의 강도에 따라, 감각의 양상에 따라 마음이 움직이고 있다는 것도 알아차리십시오. 마음이 움직일 때마다 호흡이나 온몸의 감각 쪽으로 의식을 되돌리십시오. 이런 방식으로 의식이 호흡이나 감각으로 다시 연결되면 의식의 범위는 보다 확대되어나갑니다. 신체 감각의 강도에 따라 혹은 감각의 양상에 따라 마음이 순간순간 움직이고 있다는 것을 마음챙김하십시오.

자, 이제 마음챙김 호흡과 신체 감각 느끼기 연습이 끝날 단계로 접어들고 있습니다. 조용히 눈을 뜨고 몸을 좌우로 움직이면서 일상으로 돌아갈 준비를 하십시오. 눈을 뜨고 일어나 앉으십시오. 잘 하셨습니다.

들~ 토~ 들~ 토~ 들~ 토~ 들~ 토~ 들~ 토~ 들~ 토…

마음이 안정(이완)되었으면 주의의 초점을 호흡뿐 아니라 순간
순간 나타나는 몸의 감각, 외부에서 들려오는 소리감각 쪽으로
옮겨가십시오.

주의의 초점을 귀 쪽으로 옮겨온 후 의식을 더욱 확장시켜 나
가십시오. 언제 어디에서나 일단 소리가 들려오면 그 소리 나
는 곳으로 귀를 기울이십시오. 소리가 나는 곳으로 일부러 찾
아가거나 특정한 소리를 들으려고 애쓰지는 마십시오. 단지 마
음을 열고 소리가 들려오면 가까운 데서 들려오는 소리이건 먼
곳에서 들려오는 소리이건 어떤 방향에서 들려오는 소리이건
관계없이 모든 소리를 마음챙겨 들으십시오. 분명한 소리, 큰
소리, 미미하고 작은 소리에도 마음챙겨 들으세요. 소리와 소
리 사이의 여백의 공간에도 마음챙기십시오.

가능하면 최선을 다해 소리를 단순한 감각으로만 받아들이십시
오. 그 소리에 관해 해석하고 판단하지 마십시오. 그 소리의 의

미보다는 그 소리의 높낮이, 음조, 강약, 기간 등 소리의 감각적 특성에 대해서만 의식을 집중하십시오. 이 순간 나타났다가 저 순간으로 사라져 가는 소리에만 의식을 집중하십시오.

소리에 대한 마음챙김 훈련은 대단히 가치 있는 훈련입니다. 의식의 범위를 확대시켜 의식의 영역을 보다 넓히고 의식의 질을 보다 확산시키는 데 매우 유용하기 때문입니다. 이 훈련은 신체 감각에 대한 마음챙김보다 먼저 실시할 수 있고 뒤에 실시해도 관계없습니다. 또한 수시로 이 연습을 하는 것은 대단히 중요합니다. 이른 새벽 바깥에서 들려오는 새소리, 바람소리, 빗방울 소리, 풀벌레 소리 등등 지금 이 순간 들려왔다 사라져가는 온갖 종류의 소리에 귀 기울여보십시오.

자, 이제 소리에 대한 마음챙김을 내려놓을 준비가 되었다면 주의집중을 다른 쪽으로 옮겨가봅시다. 주의집중 대상을 지금 마음속에서 일어나고 있는 생각으로 옮겨봅시다. 소리에 대해 연습할 때 소리가 일어나서 변화되어가다가 사라져가는 것에 의식을 집중했던 것처럼 생각이 일어났음에 주목하고 그 생각이 마음의 공간 속에서 진행되어 변해나가다가 드디어 사라져가는 그 모습을 지켜보기로 합시다. 일부러 생각이 일어나는 곳을 찾아 나설 필요는 없습니다. 단지 소리가 일어났다가 사라져가는 그것을 그냥 지켜보는 것과 같이 자연스럽게 일어났다 자연스럽게 사라져가는 생각을 지켜만 보십시오.

생각해야 할 특별한 대상은 없습니다. 일어나는 모든 생각을 모두 포함시키십시오. 지금 이곳에서 일어나고 있는 무슨 생각이라도 좋습니다. 분노감, 공포감, 지겨움, 졸음, 초조함, 욕심, 성급함, 고요함, 평화감, 흥분감, 환희심, 질투심, 친절감, 사랑, 자비심과 같은 온갖 욕망과 감정 상태 모두가 주목의 대상이 됩니다. 경험 속에서 나타나는 모든 생각에 마음을 여십시오. 하나하나의 생각을 명령하려 하거나 움켜쥐려 하거나 밀어내 없애버리려고 하지 않은 채 의식의 공간 속에 떠오르는 모든 생각을 다 지켜보십시오.

자, 이제는 지금 이곳에 나타나는 모든 것에 마음을 여는 차례입니다. 하나하나의 소리나 감각, 냄새, 맛 그리고 생각, 감정에 이르기까지 알아차림 하십시오. 지금 이곳에 나타나는 하나하나의 대상은 다만 지금 당신의 머릿속에 떠오른 하나의 대상일 따름입니다.

지금 당신 앞에 나타난 대상 가운데 어느 하나에 주의를 모으십시오. 부드럽게 이완한 후 그 대상이 바로 여기에 존재하도록 하십시오. 가능한 한 깊이 주의를 집중해서 그 대상과 연결되십시오. 마음의 문을 최대한 넓게 열어 다가온 대상에 집중하여 머무십시오. 계속 그 대상과 연결하여 계십시오. 그 대상이 여기이곳에 존재하는 한 꽉 잡아 챙기십시오. 그 대상이 바뀌어 다른 대상이 나타나기 전에 몇 번씩 그 대상에 대해 거듭 주목하여 집중할 필요가 있습니다. 예컨대 어떤 소리가 들린다면 '(그소리가) 들린다.', '들린다.', '들린다.' 또는 '(신체감각이) 눌린다.', '눌린다.', '눌린다.' 또는 어떤 생각에 대해서 '그 일에관해 생각한다.', '그 일에 관해 생각한다.', '그 일에 관해 생각한다.'와 같은 말을 마음속에서 되풀이할 수도 있는 것입니다. 말을 해서 오히려 산만해지면 그냥 내버려두고, 그 대상과감각을 연결시켜 그곳에 머무십시오. 인내심을 갖고 현재에 머무십시오.

자, 이런 식으로 계속 연습을 하십시오. 이것이 바로 특정한 대상 없이 깨어 있기이며 현재 이곳에 머무르기 수련인 것입니다. 이 수련은 당신의 자각력과 존재감을 더욱 확고하게 해줄것입니다. 부드럽게 이완하고 모든 것을 그냥 존재하는 상태로두십시오.

공포나 걱정, 심지어 고통스러운 장애가 나타나더라도 부드럽게 그것을 맞이하십시오. 깊이 바라보십시오. 깊이 느끼십시

오. 깊이 경청하십시오. 그냥 왔다가 그냥 사라지게 내버려두
십시오. 그냥 그대로 내버려둔 채 몸과 마음에 어떤 일이 일어
나는지 주의 깊게 바라보십시오. 마음챙김으로 얻어진 밝은 빛
을 공포, 두려움 혹은 걱정거리에다가 직접 비추어보십시오.
깨어 있는 마음으로 밝은 빛을 품어보십시오.

자, 호흡과 복부로 다시 의식을 집중하십시오. 의식하면서 호
흡하십시오. 호흡하시면서 생각이 진행되는 대로 내버려두십
시오. 무엇이든 느껴지는 대로 느껴보십시오. 인내심과 믿음을
가지고 지켜보십시오. 실패할 것이란 생각, 무력감, 절망감에
대한 생각조차도 살펴보십시오. 스스로 일어나는 자비심과 동
정심도 지켜보십시오. 생각은 생각으로만 바라보십시오. 신체
내부의 느낌을 자각하고 그것이 어떻게 나타나서 어떻게 변화
되어가는지 살펴보십시오. 좀 더 시야를 넓게 가지고 오고 가
는 모든 것에 대해 넓고 열린 마음을 유지한 채 편안히 쉬면서
바라보십시오. 바라보기만 할 뿐 휩쓸려 가지 마십시오. 깊은
정적 속에 자신의 마음의 움직임을 살펴보십시오.

자, 이제 끝날 시간이 되어갑니다. 눈을 서서히 뜨고 몸을 좌우
로 부드럽게 움직이면서 수련을 마무리하십시오.

걷기명상

마음챙김 걷기명상은 비공식 수련으로서 걷는 동안의 신체 감각과 균형에 주의의 초점을 두는 것이다. 눈은 정면을 향하고 가능한 한 발쪽으로 내려다보지 말아야 한다. 몸을 움직일 때, 다리를 들어 올릴 때, 신체의 균형을 잡을 때 그리고 걸음과 관련 있는 발과 다리의 움직임과 감각 등에 주의의 초점을 둔다.

다른 종류의 명상처럼 마음이 바깥으로 빠져나가 방황하고 있을 때 걷고 있는 다리 감각 쪽으로 주의를 돌리도록 한다. 보통 걷기명상은 매우 느린 속도로 걷기 시작하여 익숙해지면 보통 정도의 속도나 평소보다 좀 더 빠른 속도로도 행할 수 있다. 일반적으로 이 명상은 방안을 가로질러 왔다 갔다 하면서 행하며, 특정 도착 지점을 선정하지 않고 하는 것이 좋다.

걷기명상에서는 오직 걷는 동안에 일어나는 신체 감각만이 주된 주의의 대상이 된다. 초기 단계에서는 발과 다리에서 일어나는 감각들에 초점을 두도록 하지만 시간이 지나면서 걷는 동안 전 신체에서 일어나는 모든 감각들에 대해서도 주의의 초점을 확대해나가도록 한다.

정좌명상이나 몸살피기 명상에서는 가만히 앉아 있어야 하거나 누워 있어야 하기 때문에 어떤 수련자는 불안이나 긴장감이 생길 수 있고 참을 수 없을 정도의 불쾌감이 나타날 수도 있다고 하는데, 이런 사람들에게는 걷기명상을 권한다.

걷기명상은 간단한 볼일을 보러 간다거나, 차에서 내려 사무실로 간다거나, 사무실에서 차를 향해 가는 동안 또는 마을을 한 바퀴 산책하는 것과 같은 일상생활에서 행할 수도 있다. 일상생활에서 마음챙김 걷기는 현재 이 순간의 마음과 몸을 보다 계속적으로 알아차림 하는 능력을 길러가는 데 도움이 될 것이다. 수련자는 마음챙김 걷기 명상에 관한 음성파일을 제공받고 때때로 마음챙김 걷기명상을 연습한다.

걷기명상 안내문

음성 명상유도문

15~20분 동안 자연스럽게 걸을 수 있는 장소면 됩니다. 조용한 실내나 바깥이나 산과 들 또는 강변이나 해변 어디서나 가능합니다.

현재 이 자리에 서 있을 때 느껴지는 신체 감각을 먼저 알아차려보십시오. 발바닥에서 다리를 거쳐 올라오는 감각을 느끼십시오. 팔을 편안하게 하십시오. 두 손을 뒷짐 지거나 그냥 옆에 느슨하게 내려두십시오. 발바닥과 발의 감각에 주의를 집중하십시오.

자, 한 발을 천천히, 천천히 들어 올리면서 시작하십시오. 이렇게 천천히, 천천히 시작해야만 처음부터 천천히 걷는 데 도움이 됩니다. 걸을 때 발과 다리의 감각에 집중하십시오. 발을 들어 올리고 앞으로 내밀고 바닥에 내려놓는 등 세세한 걸음 동작에 주의를 집중하십시오. 한쪽 발에서 다른 쪽 발로 몸무게가 어떻게 이동되어가는지 느껴보십시오. 다리의 느낌은 어떠하며 몸의 움직임은 어떠한지 느껴보십시오. 한쪽 발에서 다른 쪽 발로 몸무게가 이동되어 갈 때 다리의 느낌, 움직이는 몸의 느낌을 살펴보십시오. 집중이 잘 안 되거나 마음이 산만해지면 부드럽게 발과 다리의 감각으로 되돌아오십시오.

이런 식으로 천천히 한 발짝, 한 발짝 걸으십시오. 발을 들어 올리고 앞으로 내밀고 바닥에 내려놓는 등 세세한 걸음 동작에 주의를 집중하십시오.

멈추어 서는 것에 대해서도 마음챙겨 집중해보십시오. 당신의 몸에 귀를 기울여보십시오. 더 움직이고 싶은 충동이나 다시 돌아가거나 다시 더 걷고 싶은 마음이 생기는지 살펴보십시오. 자발적인 움직임보다 움직이려고 하는 의도가 먼저 생기는지 주목하십시오.

이런 식으로 15~20분 동안 걷기명상을 하십시오. 걷고 있는 동안 일어나는 모든 것을 관찰하십시오. 생각, 소리 혹은 그 밖의 다른 것으로 인하여 마음이 산만해지면 걷기를 멈추었다가 다시 걷기에 집중하십시오. 집중을 방해하는 일을 알아차리면 깨어 있는 마음으로 돌아온 후 부드럽게 발로 초점을 돌리고 다시 걸으십시오.

처음에는 느린 속도로 시작하지만 좀 더 익숙해지면 정상적인 걸음 속도나 그 이상으로 해볼 수도 있습니다. 초조할 경우에는 좀 더 빠른 속도로 걷고 집중이 잘되고 순간에 존재할 수 있게 되면 속도를 늦추십시오. 빨리 걷게 되는 경우 오른발을 앞으로 내밀 때 또는 왼발로 땅을 밟을 때와 같은 어떤 한 가지 감각에만 초점을 맞추기가 더 쉬워질 것입니다. 많은 감각들 가운데 어떤 한 가지 감각만을 빠른 움직임 속에서 닻으로 삼아 집중의 대상으로 삼으십시오. 또는 왼발을 들어 올릴 때 속으로 '나는' 이라고 읊조리고 오른발을 땅에 내릴 때 '평화롭다.' 라고 읊조려보십시오.

행복과 사랑은 불가분의 관계 속에 있다. 우리가 하는 행동의 저변에는 남을 사랑하고 또한 남으로부터 사랑받고 싶어하는 따뜻한 마음이 자리하고 있다. 삶 속에 느껴지는 행복이란 '얼마나 많은 것을 소유하고 있는가?' 또는 '얼마나 많은 것을 알고 있는가?'에서 오지 않는다. 진정한 행복이란 삶이 자유롭고, 넉넉하고, 만족하고, 사랑할 수 있는 데서 온다.

자비로운 마음 또한 길러질 수 있다. 마음속으로 친절하고 상냥한 마음을 갖도록 마음챙김해나가겠다는 의도를 가지면 쉽게 이루어질 수 있다. 자애명상은 친절한 마음이나 측은한 마음이 일어나도록 하기 위해 특정한 말이나 구절을 반복하여 사용하는 훈련이다. 이 명상은 우리들 마음속에 이미 내재해 있는 친절함과 다정함을 스스로 우러나도록 하는 것이다.

처음에는 자기 자신을 사랑하고 아끼는 말들을 담아내어 자기를 사랑하는 자애명상을 하고, 나아가 부모나 가족 그리고 친구들, 더 나아가 밉다고 생각되는 사람들에게까지도 사랑의 마음을 담아내도록 할 수 있다.

자애명상은 공식 명상으로 할 수도 있고, 비공식 명상으로 할 수도 있다. 공식 명상으로 할 경우는 10~20분 정도로 시작해서 점차 시간을 늘려갈 수 있도록 한다.

자애명상 안내문

음성 명상유도문

자애명상은 앉아서도 할 수 있고, 누워서도 할 수 있으며, 걸어가면서도 할 수 있습니다. 자, 지금부터 자애명상을 시작하겠습니다. 먼저 심호흡과 함께 몸을 살펴십시오. 몸과 마음이 편안해질 때까지 계속 심호흡하십시오. 이미 하고 있는 일이나 마음속에 두고 있는 계획이나 이미 갖고 있는 생각들을 모두 내려놓고 오직 호흡에만 집중하십시오. 몸과 마음이 편안해졌으면 따뜻한 마음이 저절로 나올 것입니다. 사랑하는 배우자나 연인 또는 귀여운 동물들을 마음속에 그려보십시오. 편안한 마음이 쉽게 나올 것입니다. 나 자신에게서 저절로 우러나오는 친절한 마음이나 사랑스러운 마음에 주의를 모으십시오.

자, 자신의 이름을 부르면서 숨을 들이마시고, 숨을 토하면서 다음과 같이 읊조려보십시오. 숨을 들이마시며 "나, ○○○은/는", 숨을 토하면서 "행복하다…"를 열 번 반복하십시오.

"나 ○○○은/는 건강하다…" (열 번 반복)

"나 ○○○은/는 평화롭다…" (열 번 반복)

"나 ○○○은/는 넉넉하다…" (열 번 반복)

"나 ○○○은/는 나를 사랑한다…" (열 번 반복)

"나○○○은/는 소중하다…" (열 번 반복)

자, 이제부터는 부모나 가족, 친구들에게까지도 따뜻한 마음을 전하는 명상을 해볼 것입니다. 특히 심적으로 힘들어하는 특정 사람을 위해 자애명상을 하면 좋습니다. 심호흡을 하여 몸과 마음을 편안하게 하십시오. 숨을 들이마시며 "나, 홍길동은", 숨을 토하며 "부모님을 사랑합니다…"를 열 번 반복하십시오.

"나 ○○○은/는 반려자를 사랑합니다…" (열 번 반복)

"나 ○○○은/는 가족들을 사랑합니다…" (열 번 반복)

"나○○○은/는 친구들을 사랑합니다…" (열 번 반복)

"나○○○은/는 선생님을 사랑합니다…" (열 번 반복)

"나 ○○○은/는 아무개를 사랑합니다…" (열 번 반복)

'사랑합니다' 대신 '편안하시길', '행복하시길', '넉넉하시길' 등으로 바꿔 할 수도 있습니다.

세수할 때, 청소할 때, 밥 먹을 때, 드라이브할 때 또는 쇼핑을 할 때와 같은 일상생활 속에서 마음챙김 명상을 응용할 수 있다. 매 순간순간 알아차림 하는 능력을 키워나가는 것은 즐거움 속에서 일에 몰입할 수 있는 능력을 키워갈 수 있을 뿐 아니라 힘들고 어려운 상황을 잘 알아차리고 잘 다루어 나갈 수 있는 능력 또한 함양할 수 있다. 이런 알아차림 능력이 커짐으로 해서 바로 삶 속에서 행복감이 늘어나고 각성감이 증대된다.

　일상의 즐거운 순간에 대한 알아차림 훈련은 2주 동안 주어지는 숙제인 즐거운(快) 사건에 대한 관찰 기록을 통해 가능하다. 수련자는 하루 한 가지씩 유쾌한 사건에 주목하여 사건과 관련되어 일어나는 생각, 감정 그리고 감각들을 기록하도록 한다. 이와 유사하게 3주의 숙제 가운데는 불쾌한 사건에 대한 관찰도 기록하게 한다. 쾌 및 불쾌에 관한 알아차림 연습은 쾌·불쾌와 관련되는 생각, 감정, 감각 그리고 쾌·불쾌와 관련되는 심리적 현상과 행동 간의 관계성에 대한 습관적 반응 패턴을 이해할 수 있도록 하는 데 도움을 준다.

　일상생활 속에서 호흡명상을 간간이 실천하는 것도 좋다. 호흡명상은 일상에서 끊임없이 변화하는 마음의 상태를 알아차림 하는 능력을 길러준다. 순간순간 자신의 호흡에 주의를 기울이면 자각 능력과 통찰 능력은 길러지는 반면 타성적이고 자동적이며 부적응적인 행동은 점차 감소된다. 특히 일상생활 속에서 마음이 불안하다거나 우울할 때 또는 몹시 당황하고 긴장될 때 마음챙김 호흡명상은 큰 도움이 된다.

종일명상

종일명상은 일반적으로 6주째에 열리게 된다. 이날 수련자는 정좌명상, 걷기명상, 몸살피기 그리고 요가 수행에 참여하게 된다. 지도자의 지시를 제외하고는 하루 종일 침묵 속에서 이루어진다. 수련자들끼리 서로 말을 하지 못하게 하고 눈도 마주치지 못하도록 한다. 어떤 수행자들은 이날 매우 즐거워하고 마음도 이완된다고 하지만 이렇게 즐거워하는 것이 이날의 수행 목표는 아니다. 목표는 이날 하루 동안 지금 이 순간에 머물면서 어떤 일이 일어나든 알아차림 하고 받아들이는 데 있다.

어떤 수련자는 정좌명상을 할 때 신체적 불편감이나 고통을 경험할 수도 있고 어떤 수련자는 평소에 숨기고 싶어 했던 어떤 감정이 표출되는 것을 느낄 수도 있다. 또 어떤 사람은 따분하고 불안한 마음을 느끼기도 하고, 또 어떤 사람은 하루 종일 일상적인 일들을 제쳐둔 채 명상을 하고 있다는 데 대한 일종의 죄의식 같은 것을 느끼기도 한다. 그러나 이날처럼 비교적 긴 시간 침묵 속에서 알아차림을 하게 되면 보다 강력한 자아 각성이 이루어지기도 한다.

이처럼 종일명상은 다른 사람과의 대화, 독서 또는 텔레비전 시청과 같은 일상적인 일에는 관여하지 않고 오직 자신의 경험 세계를 비판단적으로 바라볼 수 있는 기회가 된다. 이러한 침묵 속에서 알아차

림을 체험하는 것이 어떤 수련자에게는 스트레스가 될 수도 있지만
또 다른 수련자에게는 즐거움이 될 수도 있다. 대부분의 수련자는 이
날의 경험이 유쾌한 것과 불쾌한 것으로 혼합되어 나타난다고 말한
다. 수련자들은 이날의 경험에서 '마땅히 무엇을 느껴야 한다'거나
'어떤 일이 마땅히 일어나야 한다'는 따위의 기대감을 갖지 말고 오
직 일어나는 대로 지켜보기만 하면 된다.

　이날 수행의 마지막 집단 토의에서 수련자들은 그날 자신이 경험했
던 것들에 관해 자유롭게 이야기하고, 지도자는 판단이나 해석 없이
따뜻하게 수용하고 공감해준다.

3.　　　　　　　마음챙김 명상의 효과

마음챙김 명상수련에 있어서 몸살피기, 정좌명상, 하타요가와 같은
공식 명상은 매일 일정한 시간을 마련하여 최소한 45분 이상 꾸준하
게 수행해나간다. 걷기명상, 호흡명상, 먹기명상, 자애명상과 같은 비
공식 명상은 일상생활 속에서 틈틈이 실천해나간다.

　무엇보다 중요한 것은 위의 명상 실천과 더불어 평소 다음과 같은
일곱 가지 마음가짐 태도를 견지하는 것이다. 첫째, 판단하지 않는다.
둘째, 인내심을 갖는다. 셋째, 초심을 유지한다. 넷째, 믿음을 가진다.
다섯째, 지나치게 애쓰지 않는다. 여섯째, 수용한다. 일곱째, 내려놓
는다. 이 일곱 가지 태도를 일상의 삶 속에 줄기차게 실천해가는 것이

지혜로운 삶을 살아가는 데 있어 절대적으로 중요하다는 것을 유념해야 한다.

MBSR, 즉 마음챙김 명상을 8주 이상 수련하면 다음과 같은 질병이 개선되고 삶의 질이 높아진다는 결과들이 많이 발표되었다.

- 두통, 요통, 견비통 등 만성통증이 개선된다.
- 일반 불안 증후군과 공황 장애가 개선된다.
- 우울증의 증후가 개선되고 재발률이 낮아진다.
- 유방암, 전립선암 환자의 경우 면역수치가 개선되고 암에 따르는 우울증, 불면증 등의 심리적 증세가 개선된다.
- 대식증, 섬유근 통증(fibro-myalgia), 불면증, 건선 등의 치료에 효과적이다.

환자 집단이 아닌 일반 학생, 주부, CEO 등이 MBSR을 8주간 수행하고 난 결과는 다음과 같다.

- 우울과 불안이 최대 60% 정도 감소되고
- 자기 통제력과 자기 수용성이 유의미하게 증가하고
- 영성(spirituality)과 공감(empathy) 능력이 유의미하게 증가하며
- 강박증, 대인민감성, 적개심, 공포감, 신체화지수가 유의미하게 감소되며
- 긍정적 감정은 증가하고 부정적 감정은 감소되어 행복감이 증대된다.

따라서 마음챙김 명상은 신경계, 내분비계와 면역계의 기능 강화

등으로 신체의 여러 질병을 개선할 뿐만 아니라 불안, 우울, 적개심, 공포감, 대인 민감성 같은 부정적 감정을 낮추고 자기통제력, 수용감, 영성, 공감과 같은 긍정적 감정은 증가시킴으로써 심리적으로 건강하게 되어 삶의 질을 높인다는 것이다.

한마디로 마음챙김 명상수련은 삶의 고통(아픔)을 줄여주고 안락감(행복)은 증강시켜 행복한 삶으로 개선하는 것이다. 따라서 마음챙김 명상이야말로 행복을 위한 훈련이고 힐링을 위한 멋진 훈련이라 할 것이다. 이러한 이유로 전 세계적으로 명상의 열풍이 불어오고 있다. 이 명상열풍은 탐욕과 분노에 가득 차 미망 속에 허덕이는 삶에 주는 희망의 메시지다.

10장
이미지 힐링

1. 이미지 힐링이란?

최근 심신치유의 강력한 방법의 하나로 심상법(Visualization), 다른 말로 이미지 힐링법(Imagery)이 크게 주목받고 있다. 스트레스로 인한 신체적 증상을 치유하는 데 이미지 힐링을 적극적으로 적용한 사람은 200여 년 전 19세기 프랑스의 약학자 에밀 꾸에(Emile Coué)이다.

꾸에는 상상과 같은 이미지로 어떤 치유의 상을 만들고 이 치유의 상을 통해 신체적·정서적 반응을 야기하여 이것으로 증상을 치유했다. 꾸에는 이런 심상(이미지)의 힘이 의지력의 힘보다 더 강력하다고 믿었다. 의지력에 의해서는 이완 상태로 들어가기가 쉽지 않지만, 이미지의 힘에 의해서는 이완감이 쉽게 일어나고 전 신체로 쉽게 퍼져나갈 수 있다는 것을 그 이유로 들었다.

꾸에는 우리가 상상하는 바에 따라 그것은 현실이 될 수 있기 때문에 상상하는 대로 현실이 이루어진다고 강력하게 믿었다. 예컨대 우리는 슬픈 일을 상상하면 불행을 느끼고, 불안한 상상을 하면 안절부절못하고 긴장감을 갖게 된다. 같은 이치로 힐링이 이루어진다는 긍정적 생각을 하면 실제로 힐링이 이루어진다. 그러므로 불행이나 긴장감을 치유하기 위해서는 긍정적이고 치유적인 마음을 초점화하면 된다는 것이다. 어떤 사람이 자기가 점점 더 외롭고 비참해져간다고 상상한다면, 이런 부정적인 생각은 자신을 점점 위축시켜 비사회적 행동을 일으키기 때문에 결국 그 생각은 현실이 되어 나타난다. 예를 들어 상사가 야단을 치면 늘 배가 아플 것이라고 상상하는 직원이 있다고 하자. 그런 상상만 해도 실제로 위통이 일어날 것이다. 꾸에는 섬유성 종양(fibrous tumor), 결핵, 뇌출혈, 변비와 같은 신체적 질병은 그러한 병에 관심을 둘수록 악화된다는 점을 발견하였다.

꾸에는 자신을 찾아오는 환자들에게 하루 20번씩 '나는 매일매일 순간순간 좋아지고 있다.'라고 스스로에게 상상하라고 권유한다. 또 그는 환자들에게 집착하고 있는 일에서 한 걸음 뒤로 물러서서 편안하게 이완된 자세를 취하고서 눈을 감고 모든 신체 근육을 이완하는 훈련을 권유하였다. 꾸에는 환자들이 이완되어 졸기 시작하면 환자 스스로 자신의 마음속에 바라고 있는 이상적인 상태, 예컨대 '나는 편안하게 이완한다.'와 같은 주문을 외우라고 권한다. 이렇게 하면 의식과 무의식이 서로 연결되어 무의식이 현실로 바뀌게 된다.

그러면 어떻게 긍정적 이미지를 강화할 수 있을까? 긍정적 이미지를 만들면 1,000억 개나 되는 뉴런이 실현 가능한 현실이 되기 위한 신경회로를 찾아 문제를 해결할 신경통로를 마련한다. 그럼 이제 긍정적 이미지를 강화하는 실제적인 방법을 살펴보자.

첫째, 꾸에가 말한 것처럼 성공과 가능성만 이미지화하고 실패와 두려움은 이미지화하지 말아야 한다. 뇌는 상상하는 방향대로 움직인다. 긍정적인 심상을 하면 긍정적 방향으로 움직여 긍정적 결과를 산출하지만, 부정적인 상상을 하면 부정적인 방향으로 움직여 부정적 결과를 산출한다. 평범한 사람의 뇌는 부정적 방향으로 움직일 수 있는 힘이 긍정적 방향으로 움직이는 힘에 비해 최소 3배에서 최대 5배나 강하다. 그러므로 긍정적인 마음훈련을 끊임없이 되풀이해나가지 않으면 부정적 심상이 긍정적 심상을 압도해버린다.

둘째, 자신을 소중히 생각하고 아껴야 한다. 건강하고 행복한 사람들은 타고난 천재도 아니고 초능력을 가진 슈퍼맨도 아니다. 그들은 자기가 하는 일이 성공하고 잘될 것이란 긍정적 이미지를 끊임없이 실천해온 사람들이다. 끊임없이 자기를 험담하고, 비난하고, 욕설하는 잘못된 이미지를 거두어들이지 않는 한 성공도, 행복도, 건강도 이룰 수 없으며, 가련하고 비참하고 병들어 찌들어가는 자기를 스스로 만들어갈 뿐이다. 이 세상에서 나의 삶을 가장 귀하고 값지게 만들 수 있는 사람은 바로 나 자신뿐이란 사실을 확신해야 한다.

셋째, 크게 생각하고 넉넉하게 생각해야만 크게 이루어지고 크게 완성된다. 성공과 건강과 행복은 생각의 크기에 비례한다. 한 치 앞만 바라보면 한 치 앞밖에 나아가지 못한다. 부분이나 국소에만 집착하지 말고 먼 장래, 다양한 차원과 입장을 두루 아울러볼 수 있는 큰 생각을 하는 사람만이 건강과 행복과 번영을 함께 이룬다.

"좋은 일과 나쁜 일이 따로 없다. 모든 것은 오직 나 자신의 생각이 만들어낸 것이다."라는 셰익스피어의 말이나 "모든 것은 오직 내 마음이 만들어낸 것이다."라는 석가모니의 가르침은 모두 생각의 힘을 강조하고 있다. 우리의 번영도 건강도 행복도 모두 마음의 생각이 만들어낸 나 자신의 조각품이다.

2.　이미지의 힘으로 질병 치유하기

2,600여 년 전 석가모니께서는 사람들의 삶을 총체적으로 괴로움이라고 보고 그 괴로움을 치료하기 위해 수많은 수행 방법을 제시했다. 이런 의미에서 석가모니를 위대한 의사, 즉 성의(聖醫)라 칭한다.

그러나 질병을 치유하기 위해 구체적으로 이미지를 직접 이용한 것은 한참 후의 일이다. 예를 들자면 티베트불교에서는 13세기부터 이미지를 각종 질병을 치유하는 데 활용했으며, 한국불교에서도 이미지를 사용하여 질병을 치유했던 것 같다. 병을 치료하는 약사보살이나 자비를 베푸는 관세음보살을 마음속에 떠올리고 환부를 따뜻한 손길로 어루만지고 정서적으로 지지해주며 환부나 고통을 치유하는 이미지 요법과 같은 불교식 치료법이 오랫동안 전승된 것이 그 예이다. 이러한 이미지 힐링은 전 세계 여러 문화권에 걸쳐 있는 다양한 샤머니즘식 치료법에서도 나타난다. 서양의학에 이미지 요법이 도입되어 의사들이나 건강 관련 전문가들이 치료에 직접 활용하게 된 것은 극히 최근의 일이다.

샌프란시스코 의대의 마틴 로스먼(Martin Rossman) 박사는 이미지 요법을 임상에 직접 활용하고 있는 전문의로 유명하다. 그는 1972년부터 수천 명의 환자에게 이미지 요법을 적용하여 많은 종류의 질병, 특히 각종 만성병 치유에서 효과를 관찰했다고 보고하고 있다.

로스먼 박사는 이미지 요법을 임상에 적용할 경우 그 효과를 객관적으로 입증하는 데는 어려운 점이 많다고 한다. 왜냐하면 이미지 요법을 임상에 적용할 때는 심상법과 함께 이완반응 명상이나 최면법과 같은 몇 가지 심신 치료 기법을 함께 적용하는 경우가 많기 때문에, 이때 나타난 치료의 효과를 이미지 요법의 고유 치료 효과로 보기 어렵다는 점이 지적되곤 한다는 것이다.

그럼에도 이미지 요법에 관한 임상적 증거들이 계속하여 발표되고 있어 이미지 요법이 다양한 질병을 치료하는 데 효과가 있는 것으로 알려지고 있고, 최근에는 이미지 힐링의 신경과학적 증거까지 등장하고 있어 이제 이미지 요법은 심리치료나 신체 질병 치료에 유용한 방법의 하나로 활용되고 있다.

현대의학에서 활용되는 이미지 요법은 먼저 주의를 특정 부위(예컨대 환부)에 집중하여 이완을 야기하는 이완반응 훈련부터 시작한다.

환부에 대한 주의 집중이 잘 안 되고 산만해지면 최면 상태로 유도하여 이완반응을 일으키기도 한다.

심상과 최면은 서로 독립적이면서 또한 보완적이기도 하다. 최면이 어떤 특정한 마음 상태를 유도해가는 것이라면 심상은 수동적인 상태가 아니라 능동적인 마음 활동 상태이다.

전형적인 심상 치료(이미지 요법)는 1회에 20~25분 동안 진행된다. 이때에 환자들은 자신이 갖고 있는 징후를 통제하는 데 도움이 되는 특정 이미지에 초점을 두거나 특정한 문제해결에 직관을 얻는 어떤 이미지를 상상한다. 필요에 따라 어떤 장면을 묘사하거나 기술해놓은 책자나 테이프를 보거나 듣는 것을 통해 이미지화를 도울 수도 있다.

이미지화를 하면 사고, 언어 또는 문제해결을 담당하는 최고의 뇌 중추인 대뇌피질에서 시각적·청각적 또는 촉각적 활동이 일어나고, 정서를 관장하는 변연계에서도 활동이 일어난다. 최근 양전자방출단층촬영(Positron Emission Tomography : PET)이라는 기법을 써서 이미지화를 하고 있는 동안 뇌피질에서 일어나고 있는 활동을 기록해보면, 실제 이미지를 담당하는 뇌 부위에서 실제적으로 뇌활동이 일어난다는 것을 발견하였다.

이것은 시각적 이미지를 상상하면 시각피질에서 활동이 야기되고, 청각적 이미지를 상상하면 청각피질에서 활동이 일어나고, 촉각적 이미지를 상상하면 체성감각피질에서 활동이 일어난다는 것을 뜻한다. 다시 말해 상상으로 하는 이미지화가 실제의 현실처럼 여겨진다는 것이 뇌활동을 통해 입증된 것이다.

나아가 각종 감각들을 담당하는 대뇌피질에서 일어난 일차적 반응은 뇌의 정서반응센터인 변연계나 기타 다른 하위 뇌중추로 메시지를 전달하게 된다. 이렇게 전달된 메시지는 더 나아가 내분비계통이나 자율신경계통에 전달되어 심장박동, 발한 그리고 혈압을 포함하는 다양한 신체 기능에 영향을 미친다는 것이 입증되었다. 이러한 메시지는 그 전달 과정에서 신경전달물질, 뉴로 펩티드, 유전자 발현, 심지어는 줄기세포의 생성과 이동에까지 관여한다는 것이 속속 드러나고 있다. 좀 더 자세한 최근의 증거들은 데이비드 해밀턴의 저서 『마음이 몸을 치료한다』(장현갑·김미옥 역, 불광출판사, 2012)에 자세히 나와 있다.

　물론 심상화를 좀 더 리얼하게 하면 할수록 보다 많은 양의 심상 정보가 뇌에서 하위 중추로 전달된다. 그러므로 다음에 제시할 이미지화같이, 해안가 모래사장에 누워 따뜻한 모래로부터 오는 온기를 느끼고, 파도소리에 귀 기울이고, 풋풋한 바다냄새를 느끼면서 심상화를 하게 되면 보다 많은 신경전달물질이 분비되고, 이완감을 일으키게 하고 부교감신경계가 더욱 활성화되어 보다 양호한 효과를 야기하게 될 것이다.

3.　이미지 훈련의 실제

이미지의 종류로는 수용적 이미지, 프로그램식 이미지 그리고 유도된 이미지로 나누어진다.

'수용적 이미지'란 지금 내가 바닷가 해안 모래 위에 누워 있으면서 온몸에서 퍼져가는 햇살의 따사로움, 주기적으로 들려오는 파도소리, 피부에 와 닿는 미풍, 풋풋한 바다내음 등 지금 이곳에서 내가 느낄 수 있는 온갖 감각적 자극들을 수용하고 있는 느낌을 이미지화하는 것을 말한다.

'프로그램식 이미지'란 육상선수가 시합 전 달려야 할 전 코스를 가상으로 달리는 훈련을 떠올리면 쉽다. 즉, 처음 출발 지점에서 몇 킬로쯤 가서 만나게 될 오르막길을 오르면서 힘든 과정을 이미지화하고, 마지막 얼마를 앞두고 지친 모습을 이미지화하고, 결승점을 앞두고 전력 질주하는 모습을 이미지화하는 것처럼 실제로 겪을 과정을 몇 개의 단계에 따라 미리 마음속으로 경험하는 것을 말한다.

마지막으로 '유도된 이미지'란 이완하기 좋은 어떤 특정 장소로 찾아가 즐겁고 편안한 상황을 유도하는 이미지화를 하는 것이다. 예컨대 과거 대학 재학 시절, 5월경에 친구들과 함께 광릉수목원으로 하이킹을 간 적이 있었다면 광릉 숲 속의 특정 장소와 그 장소와 관련된 냄새, 맛, 소리, 촉각 그리고 주변 광경 등을 이미지화할 수 있도록 유도한다. 그리고 해질 무렵 캠프장에서 감자를 구워 먹으면서 당시 유행가를 친구들과 함께 부르던 장면 그리고 한 선배가 인생에 대해 이야기해주었을 때 느꼈던 삶의 의미를 회상할 수 있도록 유도한다. 이처럼 유도된 이미지는 특정 장소를 떠올리고 그곳에서 느꼈던 유쾌한 장면을 상상하도록 유도하는 것이다. 다만 미세한 기억은 남겨둔 채 다소 모호한 상황을 설정한다. 이러한 모호한 상황 속에서 유쾌한 작은 기억 조각들을 빼곡하게 채워나가면 멋진 기억이 만들어진다.

　이제 몇 가지 실제적인 심상의 예를 제시해볼 것이다. 이를 참고하여 자신의 경험 속에서 유사한 심상의 예를 만들어 활용해보라. 한 가지 예를 15~20분 정도 훈련하면 좋을 것이다.

　여기서 제시하는 이미지 훈련은 이완과 힐링을 위한 예이다. 이 훈련은 따뜻한 태양이 내리쬐는 초원 위에 편안히 누워 있는 자신을 상상하는 것과 같이 심신의 이완을 통해 힐링을 하자는 것이다. 이미지 훈련에 들어가기 전, 앞 장에서 살펴본 각종 이완반응 기법들 가운데 어느 하나를 먼저 실천하여 마음과 몸을 이완한 후, 15~20분 정도 본격적인 이미지 훈련을 실시하는 것이 좋다. 다음에 예시할 20분짜리 심상 훈련의 안내문을 자신의 음성으로 직접 녹음해서 사용하면 효과가 있다. 이 훈련이 끝나면 천천히 눈을 뜨고 2~3분 동안 심호흡한 후 실제 생활로 돌아가도록 하자.

　이미지 훈련의 예를 네 가지 살펴보고 당신에게 적합한 것을 골라 녹음하여 훈련해보라.

첫 번째 예

나는 아침 일찍 잠에서 깨어났다. 이불 속이 따뜻하고 아늑하여 쾌적한 느낌을 만끽한다. 이 쾌적한 느낌을 2~3분간 그대로 느껴보라….

　집안이 매우 조용하다. 매우 조용하다. 고요 속에서 느끼는 적막감을 느껴보라. 이불 속은 따뜻하고 사방은 고요로 둘러싸여 있다. 무척이나 평화롭고 행복하다. 5~10분간 이런 아늑한 상태에 계속 머물러라….

고요함 속에 빗방울 소리가 들린다. 서서히 일어나 창문을 열고 빗소리를 들으며, 상쾌한 새벽 공기를 온몸으로 느끼고, 촉촉이 젖어가는 대지와 풀잎 위에 떨어지는 빗방울을 물끄러미 바라본다. 5~10분간 이 상태에 머물러라….

두 번째 예

나는 지금 따스한 햇볕이 내리쬐는 해안가 모래사장 위에 누워 있다. 모래가 너무나 곱고 깨끗하여 등에서 느껴지는 촉감이 무척이나 부드럽다. 슬슬 잠이 온다. 잔잔한 파도소리가 자장가처럼 내 귀에 스쳐온다. 파란 하늘엔 흰 구름이 천천히 움직인다. 편안하다. 행복하다. 10분간 이 상태를 유지한다.

햇살이 너무나 아늑하고 따뜻하게 내 몸 위로 내리붓는다. 이따금 들려오는 갈매기 소리, 아이들의 해맑은 웃음소리, 뱃고동소리, 파도 소리가 멋지게 어울려 대자연의 심포니가 연주된다. 나는 이 멋진 자연 속의 주인공이다. 행복하다…. 편안하다…. 10분간 이 상태로 머문다.

세 번째 예

나는 지금 녹음 짙은 싱그러운 숲길을 걷고 있다. 저 멀리서 또는 가까이서 이름 모를 새들이 지저귀는 소리가 귓전을 스친다. 끊어졌다 이어졌다 하는 새소리와 바람소리, 나뭇잎 스치는 소리가 가끔씩 들려온다. 주위는 무척 쾌적하고 조용하다. 적막감과 평온감 속에서 서서히 한 발짝, 한 발짝 걸음을 옮긴다.

숲 바깥은 찌는 듯이 무덥지만 숲 속은 서늘하고 쾌적하고 싱그럽다. 이따금 불어오는 바람 소리, 나뭇잎 스치는 소리, 계곡에서 들려오는 물소리, 피부에 와 닿는 상큼한 촉감, 숲에서 풍기는 나무 향기, 갈잎을 밟을 때의 느낌, 온갖 상쾌한 감각들을 한껏 맛보면서, 나는 계속 걷는다. 나는 행복하다. 이런 생각을 하면서 10여 분간 숲길을 걷는다.

네 번째 예

나는 호숫가에 앉아 있다. 호수의 수면은 고요하게 빛나고 있다. 저 먼 수면 위로 보이는 것은 오직 잔잔한 물결 위에 비치는 햇살의 반짝임뿐이다. 미풍이 분다. 따뜻한 햇살이 내리쬔다. 이완감이 느껴지고, 졸리고, 평화롭고 행복하다. 10여 분간 이런 느낌 속에 머문다.

뗏목을 타러 호숫가로 내려간다. 뗏목 위에 올라서 드러누운 채 뗏목과 함께 호수 가운데로 떠내려간다. 찰랑찰랑 부딪치는 물결이 내 몸을 적셔준다. 시원하고 쾌적하다.

눈을 뜨고 하늘을 본다. 흰 구름이 떠가면서 금방 모양새를 바꾼다. 변화무쌍한 구름의 모습을 보면서, 뗏목이 가는 대로 떠내려간다. 너무나 편안하다. 너무나 행복하다. 이런 해방된 기분으로 10여 분을 보낸다.

위에서 언급한 이미지 훈련 내용은 마음과 몸의 이완을 통해 행복하고 편안한 세계로 유도하는 이미지 힐링의 예이다.

4. 이미지 힐링을 도와주는 다섯 가지 비법과 그 결과

이미지 힐링이란 일차적으로 심신을 이완하는 것이다. 효과적으로 이미지 힐링을 하기 위해서는 다음과 같은 몇 가지 지침이 있다.

첫째, 느슨하게 옷을 입고, 외부 자극에 방해 받지 않을 조용한 장소를 택한 후, 편하게 누운 자세를 취하라. 그리고 부드럽게 눈을 감아라.

둘째, 몸을 전체적으로 살펴본 후, 특정 신체 부위의 특정 근육에 긴장이 느껴지는지 알아차림 하라. 가능한 한 근육이 이완된 상태에서 이미지 훈련을 시작해야 한다.

셋째, 마음속으로 온갖 종류의 감각적 경험을 할 수 있어야 한다. 예컨대 소나무, 전나무 또는 편백나무 같은 늘 푸른 나무가 있는 숲, 푸른 하늘을 볼 수 있고, 하늘에는 흰 구름이 떠돌고, 발밑에는 솔잎이나 가랑잎이 깔려 있는 오솔길을 떠올릴 수 있는 곳이고, 나뭇잎과 나뭇잎이 스치는 소리, 계곡에서 들려오는 물소리, 온갖 새들이 지저귀는 소리, 대지를 밟을 때의 상쾌한 느낌, 솔잎의 향기, 꽃향기, 숲의 향기 그리고 옹달샘에서 솟아나는 맑은 샘물의 물맛까지 느낄 수 있다면 이상적이다.

넷째, 심상화를 하는 동안 가끔씩 반복하여 '나는 지금 이완하고 있다.'라고 스스로에게 다짐하라. '나는 긴장하지 않는다.' 또는 '나는 걱정하지 않는다.' 따위의 표현은 피해야 한다. 대신 '나는 긴장을 내려놓는다.', '나는 편안하다.' 등의 표현을 사용한다. 유사한 표현의 예로 '긴장이 내 몸에서 빠져나간다.', '나는 언제나 이완할 수 있다.', '나는 평화롭다.', '나는 행복하다.' 등의 긍정적인 말을 한다.

마지막으로, 가능하면 하루에 3번 정도 이런 이미지화를 실천하라. 이미지 훈련은 침대에 누운 채, 아침에 일어난 직후 또는 저녁에 잠자리에 들어가기 전 실시하는 것이 좋다. 익숙해지면 병원이나 서비스 기관에서 차례를 기다리는 중, 회의가 시작되기 전, 긴장이나 불안이 엄습하기 쉬운 장소나 때에 따라 잠깐 동안이라도 한다. 몸과 마음이 한결 평화로워진다.

이미지 훈련이 심신의 힐링에 미치는 효과에 관해서는 다음과 같은 특별한 의미가 있다. 즉, 이미지화는 생리적으로 신체의 변화를 가져온다는 것, 심리적으로 통찰을 제공한다는 것 그리고 정서적 각성을 고양시킨다는 것이다.

먼저 생리적 변화에 관해 살펴보자. 과학자들의 연구에 의하면 이미지화는 직접 생리적 변화를 초래한다. 만약 지금 당장 의식적으로 침을 분비하려고 해보라. 아마 뜻대로 잘 되지 않을 것이다. 그러나 눈을 감고 다음과 같은 이미지화를 시도해보라.

지금 당신이 싱싱한 레몬을 도마 위에 올려놓고, 이것을 조심스럽게 칼로 두 조각으로 자른다고 이미지화해보라. 한 쪽의 레몬을 다시 둘로 자른다. 옅은 노란색 속살이 드러나면서 레몬향이 진하게 풍겨온다. 레몬즙이 흐르는 한 조각을 들어 올려 짙은 향기를 맡은 후 이제 입속으로 넣고 씹는다. 새콤한 맛과 향긋한 즙이 입속에 퍼져 나감을 이미지화해보라.

이런 레몬 이미지화 훈련을 하면 대부분의 사람들은 훈련이 끝날 무렵 침을 흘리게 된다. 이것이 바로 이미지화에 의해 생리적 반응을 촉발시킨 것이다. 이미지화 훈련은 침 분비 이상의 묘한 생리적 반응들도 촉발시킬 수 있다. 예컨대 이미지화는 아직 명확한 메커니즘은 규명되지 않았지만 면역체계의 활동에도 영향을 미칠 수 있다. 심장박동, 혈압, 호흡 패턴, 뇌파의 리듬, 혈류 이동, 소화 활동, 성적 흥분 그리고 다양한 종류의 호르몬과 신경전달물질의 분비와 같은 생리학적 기능에 있어 영향을 미친다고 보고되고 있다.

두 번째는 심리적 통찰과 관련된다는 점이다. 이미지화는 스트레스 상황과 신체적 증후와의 연결 관계를 알게 해주는 데 도움을 준다. 이미지화는 보다 크게, 보다 다양하게 생각할 수 있도록 해주기 때문이다. 대부분의 사람들은 논리적·직선적 사고를 통해 세상을 보기 때문에 사물을 작은 조각들로 나눈 후 하나의 조각부터 다음 조각으로 이어지는 순차적인 생각만 따라간다.

그러나 이런 식으로 부분이나 논리에 집착하지 말고 좀 더 큰 전체 모습으로 보게 되면 개개 부분이 나머지 부분들과 어떤 관계에 있는지 알 수 있다. 이미지화란 바로 부분 부분이 전체 속에서 어떤 관계가 있는가를 전체적으로 조망하는 것을 돕기 때문에 이미지화는 신체적 증후들과 정서적 상황이나 스트레스 상황 사이에 어떤 관련이 있는지를 아는 데 큰 도움을 줄 수 있는 것이다.

셋째로 이미지화는 정서적 각성과 매우 밀접한 관련이 있다. 정서적인 생각이 신체의 변화를 야기한다는 것은 누구나 쉽게 이해할 수 있다. 예컨대 공포감을 느끼면 심장이 박동질치고, 슬프면 눈물이 나고, 기쁘면 웃음이 난다. 그러나 분노나 슬픔과 같은 부정적 정서 표현은 사회적으로 용납되지 않기 때문에 가능한 한 표현을 자제하거나 억제하게 된다. 이런 식으로 부정적 감정 표현을 억제하면 암이나 심장병을 비롯하여 여러 종류의 신체적 증후를 야기한다. 감정 억압은 신체 증후 외에도 과다한 흡연이나 음주. 또는 일중독 등과 같은 강박적 행동 증후도 야기하여 여러 가지 건강상의 문제를 일으킨다. 이미지화는 자신의 정서 상태나 이 정서가 앞으로 자신의 신체에 어떤 영향을 일으켜 어떤 병으로 발전할 것인지를 아는 데 있어 가장 쉽고 직접적인 방법이다.

5.   이미지 명상은 실제로 치유를 촉진한다.

잘 통제된 연구들이 많지는 않지만, 이미지 힐링이 다양한 임상적 징후 개선이나 질병 치료에 도움이 된다는 보고들이 발표되고 있다. 예컨대 이미지 훈련은 만성통증, 알레르기, 고혈압, 부정맥, 자가면역장애, 감기나 독감 증후 그리고 스트레스 관련 소화기 장애, 성적인 문제 또는 배뇨 문제 등의 치유에 도움이 된다고 한다. 그밖에 손목이나 발목의 삠, 접질림 또는 접골과 같은 부상 이후 회복 치유에도 도움을 준다고 한다.

이러한 이미지 요법이 의학적 증후 치료에 도움이 되는 주된 이유는 이것이 주는 이완효과 때문으로 본다. 사실 의료에서 이미지 요법을 활용하는 것은 이완의 야기와 스트레스 감소에 이미지 훈련이 활용하기 쉽고, 유용하기 때문이다. 많은 임상가들은 '유도된 이미지' 요법을 가장 쉽고, 가장 간단하고, 가장 자연적인 방법으로 이완을 야기할 수 있는 방법으로 여기고 있다.

이번에는 이미지 요법을 적용하여 신체의 질병을 치유하는 경우를 살펴보기로 하자.

아픈 부위나 상처 난 부위에 이미지의 초점을 맞추면 그 부위를 지배하는 뇌의 특정 영역이 반응하게 되어 뇌 활동이 일어나게 된다. 그렇게 되면 그 부위의 뇌 활동에 해당하는 신경전달물질도 많이 분비하게 된다. 이에 따라 적합한 유전자가 발현되고 이어 줄기세포도 어떤 유형의 특정 세포로 만들어지라는 지시를 받게 된다.

예를 들어, 칼에 손가락을 베어 상처가 났다고 하자. 그러면 칼에 베어 상처 난 두 쪽의 피부가 하나로 봉합되는 치유과정이 일어난다. 이 치유 과정에서 두 피부를 하나로 묶게 해주는 가느다란 거미줄 같은 봉합성 섬유가 나와 잘린 두 면을 서로 연결하는 이미지를 상상할 수 있다. 이런 상상을 하면 잘린 두 부위 주변에 있는 세포들이 자극을 받을 것이고 이 세포들을 지배하고 있는 해당 뇌 중추 영역 또한 자극을 받을 것이다.

뇌는 진짜로 일어난 것과 상상에 의해 일어난 것 간의 차이를 알아채지 못한다. 그러므로 상처 부위에 주의를 집중하여 상상하면 이 부위를 담당하는 뇌 주변에 신경전달물질과 뉴로펩티드가 많이 분비될 것이고, 이에 따라 상처의 치유와 관련 있는 유전자의 발현을 촉발시킬 것이며, 나아가 줄기세포에 '상처 난 곳으로 이동해서 새로운 조직을 만들라.'고 지시할 것이다. 또한 신체 내의 뉴로펩티드를 혈류에 많이 방출하여 상처 부위로 이동시켜 치유를 돕게 할 것이다. 상처 입은 부위 주변에 있는 세포들의 유전자가 특히 많이 발현될 것이지만, 그중에서도 상처 부위를 치유하는 성장호르몬 유전자가 가장 왕성하게 활성을 띠어 치유과정을 촉진시킬 것이다. 줄기세포 내에 있는 유전자 또한 활성화되어 상처 주위로 몰려들면서 새로운 피부를 성장시키는 역할을 하게 될 것이다. 또한 이미지를 통해 스트레스와 긴장이 이완되게 되면 스트레스 유전자의 활동 또한 감소될 것이다.

이상의 치유 과정은 하버드 의대 허버트 벤슨 박사팀이 보고한 것이다. 물론 이러한 심상에 의해 치유가 일어나는 과정에 대해 일부 과학적으로 입증된 것도 있지만 아직 충분한 지지를 받지 못하고 있는 것도 사실이다.

가장 중요한 것은 힐링은 마음에 의해 가장 많이 영향을 받는다는 것이다. 이미지 힐링이란 우리의 마음을 긍정적인 방향으로 활성화하는 것이고 우리들의 삶에 있어서 통제감을 높이는 것이다. 사람들은 어떤 질병에 걸렸다고 진단받게 되면 심한 좌절감과 함께 무력감에 빠지게 된다. 그러므로 이미지 힐링을 하여 잃었던 힘을 다시 얻을 수 있다는 희망을 갖게 되거나 긍정적인 마음을 활용할 수 있는 방법을 배우게 되면 부정의 힘이 긍정의 힘으로 전환될 수 있다.

신경전달물질이나 뉴로펩티드가 어떻게 분비되고 유전자가 어떻게 발현되고 줄기세포가 어떻게 활성되는지 구체적으로 자세하게 알 필요는 없다. 중요한 것은 우리가 매일매일 긍정적인 희망을 갖고 몸의 치유를 이미지화 하는 것으로 족하다.

명상에 답이 있다.

명상은 특정 종교나 아시아란 특정 지역에 국한된 수행법이라고 생각하기 쉽다. 그러나 최근 들어 서구의 대학에서도 '행복학'이라는 강좌로 명상 열풍이 불고 있다. 예컨대 하버드대학에서는 심리학자 탈 벤 샤하르(Tal Ben-Shahar) 박사가 개설한 행복 강좌에 학부 학생의 20%가 몰려들어 화제가 된 적이 있다. 국내의 몇몇 대학교에서도 명상 과목이 교양 과목으로 개설되어 주목을 끌었고, 학생들의 강의 평가도 매우 만족스러운 것으로 나타났다고 한다.

행복이란 객관적 지표에 이르렀을 때 얻는 것이 아닌, 주관적으로 느끼는 만족감이다. 몸과 마음은 하나이다. 마음이 건강해지면 몸도 건강해진다. 규칙적인 운동과 명상, 충분한 수면과 건강한 식습관, 즐거운 마음가짐이 행복으로 가는 길이다. 하루가 다르게 복잡해지는 현대사회에서 명상이 주목받는 이유다.

현대사회에서 명상이 큰 도움이 될 집단 네 곳을 꼽는다면 첫 번째

가 스트레스에 시달리는 만성질환 환자와 그 가족들이다. 만성질환은 몸뿐 아니라 마음까지 지치게 만들기 때문이다. 전 세계적으로 의료 분야에서 명상을 적용하는 곳은 무척 많다. 미국에서는 만성 질병 환자의 치료를 위해 MBSR이 실시되고 있는 의료기관은 2015년 기준으로 900여 곳이며 의료보험 혜택도 준다.

두 번째 장소는 학교다. 신체의 갑작스러운 변화로 충동과 욕망을 억제하지 못하는 청소년들은 심할 경우 주의력결핍과잉행동장애(ADHD)를 보이기도 하고 항간에 문제가 되는 것처럼 폭력, 심지어는 성폭력에 이르기까지 심각한 문제를 일으키고 있다. 명상은 이들의 넘치는 에너지를 생산적인 방향으로 돌리는 데 유용할 것이다. 필자의 연구소팀은 교육청의 요청으로, 적응장애 중학생을 대상으로 한 명상캠프를 마련하고 명상을 통해 적응을 돕는 일에 참여한 적이 있다. 또 학과가 시작되기 전 아침 시간에 10~30분간 활용할 수 있는 다양한 종류의 명상 CD를 제작하여 전체 학생들이 명상을 배울 수 있게 했다. 미국에서는 마음챙김 명상 전문교사를 양성하여 학교현장에서 학생들에게 명상을 지도하는 마음챙김 학교(mindful school)가 있다. 과정을 수료한 교사 수는 200만 명에 이른다.

세 번째로는 일터를 꼽을 수 있다. 직장 스트레스 또는 일자리가 없어서 오는 스트레스를 극복하는 데도 명상이 도움이 될 것이다. 스트레스의 강도가 너무 높거나 너무 낮으면 노동자의 건강이 나빠지고 생산 효율성도 떨어지므로 스트레스를 적절하게 조절하여 생산성과 효율성을 높이기 위해 명상을 대책으로 삼으면 좋을 것이다. 우리나라 대기업의 경우도 명상 프로그램을 도입하여 실시하고 있거나 계획 중에 있는 곳이 여러 곳에 이른다.

마지막으로 고령화 사회가 진행되면서 삶의 의미를 찾지 못해 방황하는 은퇴자나 노인들에게도 명상은 보람 있는 여생을 보내는 데 동반자가 될 것이다. 지자체의 사회복지 프로그램으로 명상이 활용되었으면 한다.

이 책은 스트레스에 시달리는 현대인의 절박한 요구에 대한 해답을 제시하고자 했다. 1부에서는 명상수행을 통해 일어나는 마음과 뇌의 변화에 주안점을 두고 가능한 한 과학적 근거를 바탕으로 명상의 과학성을 설명하였다. 2부에서는 명상수련을 실제적으로 실천하기 위한 구체적 방법들을 보여주어 누구나 쉽게 명상수련을 실천할 수 있는 가이드라인을 제시하려고 했다.

최근 병원을 찾는 환자의 80~90% 정도가 스트레스에 의한 환자로 추정된다. 따라서 스트레스를 잘 다루는 것이 무엇보다 중요하다. 치열한 경쟁과 부단한 변화를 특징으로 하는 현대인이 스트레스를 완전히 피해갈 수는 없겠지만 효과적으로 대처해갈 수는 있을 것이다. 이 책을 통하여 삶의 여러 장면에서 직면하는 스트레스를 효과적으로 대처하는 방법을 알아 실천에 옮김으로써 보람차고 활기찬 삶을 영위할 수 있는 길잡이를 만날 수 있을 것이다.

마지막으로 감사의 말을 전해야 할 분들이 있다. 가톨릭대학교 의과대학부속 성모병원 라이프스타일센터에서 명상수련에 참여했던 환자들, 명상강의와 실습에 열성적으로 참여해온 한국명상학회 회원들, 조선뉴스프레스에서 진행해온 '마음챙김 명상' 강좌와 BBS불교방송 '마음챙김 명상'에서 만난 많은 수강생들, 마음공부 전문방송인 유나방송의 회원들, 대구시교육청 산하 교사들, 몇몇 회사와 은행 임직원들의 절대적 후원과 격려 덕분에 이 책이 나올 수 있었다. 모두에게 진심으로 감사를 드린다. 그리고 온라인을 통해 누구나 쉽게 명상을 접하고 배울 수 있게 알파 힐링 플랫폼을 개설해주신 손관헌 대표와 관계자 여러분, '마음챙김 8주강좌'를 개설하고 후원해주신 조선뉴스프레스 함영준 고문, BBS불교TV 관계자 여러분, 지역사회에 명상이 뿌리내릴 기반을 마련해주신 주호영 국회의원, 이 책을 펴낸 담앤북스 출판사 그리고 나를 뒷받침해 준 모든 가족께 깊은 감사의 말을 전한다.

2018년 10월 개정판을 내며
대구 시지동 심경정사에서
장현갑

뇌를 움직이는 마음의 비밀
명상에 답이 있다 개정판

ⓒ 장현갑 2018

초판 1쇄 발행 2013년 6월 17일
개정판 1쇄 발행 2018년 10월 31일
개정판 3쇄 발행 2021년 2월 23일

지은이 | 장현갑

펴낸이 | 오세룡
기획·편집 | 김영미 유나리 박성화 손미숙 김정은
취재·기획 | 최은영 곽은영 김희재
디자인 | 고혜정 김효선 장혜정
홍보·마케팅 | 이주하

펴낸곳 | 담앤북스
출판등록 | 제300-2011-115호
주소 | 서울특별시 종로구 새문안로3길 23(내수동 73) 경희궁의 아침 4단지 805호
대표전화 | 02)765-1251
전송 | 02)764-1251
전자우편 | damnbooks@hanmail.net

ISBN 979-11-6201-102-7 (03180)

• 정가 15,000원